AF454278

Colección
Desarrollo urbano y regional y políticas públicas

dirigida por

Víctor Ramiro Fernández
Ash Amin
José Ignacio Vigil

A través de la Colección *Desarrollo Urbano y Regional y Políticas Públicas*, la Editorial Miño y Dávila y los directores de la colección pretenden presentar al público, tanto académico, como aquél vinculado a la gestión pública o la acción social, contribuciones con alto impacto internacional vinculadas al análisis de los procesos y políticas de desarrollo, donde se articulan las dimensiones económicas, sociales y espaciales. Presentadas tanto en calidad de compilaciones de varios autores o como aportes individuales de investigadores de amplio reconocimiento, las obras de la colección proponen colocar al alcance de ese público un articulado espectro de temáticas surgidas en el contexto de las profundas transformaciones socio-espaciales, institucionales y económicas del capitalismo. Ello abarca desde las transformaciones en la sociedad, las políticas y la economía urbana, los desafíos del desarrollo metropolitano y el papel de la ciudades globales, las nuevas modalidades adoptadas por los sistemas productivos territoriales bajo la dominancia que asume la economía del conocimiento, así como los procesos de reestructuración de la goberanza y el Estado y sus vínculos con las políticas de desarrollo regional.

Diseño: Gerardo Miño

Composición: Eduardo Rosende

Edición: Primera. Marzo de 2012

Tirada: 500 ejemplares

ISBN: 978-84-15295-02-0

Lugar de edición: Buenos Aires, Argentina

e-mail producción: produccion@minoydavila.com
e-mail administración: info@minoydavila.com
web: www.minoydavila.com

¿CRECIMIENTO O DESARROLLO?
El ciclo reciente en el norte argentino

Silvia Gorenstein (organizadora)

Alicia Castagna
Silvia Gorenstein
Martín Schorr
Martín Napal
Isabel Raposo
María Lidia Woelflin
Paula Báscolo
Esteban Ferreira

Índice

Presentación

Víctor Ramiro Fernández y José Ignacio Vigil

(Responsables de la colección)

Una de las funciones de la colección "Desarrollo Urbano y Regional y Políticas Públicas" ha sido, desde su inicio, participar en el debate académico y político, teórico y práctico sobre, precisamente, el desarrollo urbano y regional argentino y latinoamericano; y ése es precisamente uno de los objetivos de este libro. La propuesta que aquí se presenta sobre el análisis de la dinámica reciente de los complejos productivos del norte argentino (NEA y NOA) aparece además en un momento coyuntural clave del debate sobre los modelos de desarrollo. Luego de la profunda crisis estructural que vivió Argentina en 2001, y a diez años de haber transitado lo que algunos analistas han comenzado a denominar como un nuevo modelo de desarrollo cargado de nuevos recursos y discursos, el debate que se propone es altamente bienvenido.

Pero más aun, el debate es necesario. Los resultados que emergen de este trabajo indican que en este proceso de transformaciones recientes aún persisten muchas desigualdades regionales. Aunque coincidimos con Mabel Manzanal cuando indica en el prólogo de esta obra que el desarrollo es esencialmente desigualitario, no debería ello, claro, ser una invitación a la inacción. De hecho, repensar el desarrollo es la razón de ser –y el modus vivendi– del pensamiento crítico que los autores proponen para el debate del norte argentino; y ese es –creemos– el planteo central del libro: indagar sobre las características y límites del esquema de desarrollo (regional) argentino reciente, cuestionar sus políticas y reconsiderar su estrategia de intervención.

Si el tema y el momento son en sí mismos puntos de partida esenciales, su forma de abordaje es un multiplicador de interés. Tres elementos son –creemos– centrales en este libro, y pertinentes para esta colección editorial: primero, la preocupación por la periferia; ello demanda situar y discutir la reproducción de regiones y modelos de desarrollo en el marco de procesos en donde existen y conviven actores y estructuras de poder desiguales. Segundo, la preocupación por los circuitos de producción regionales (o como los autores denominan, complejos productivos) en el "norte argentino" (la periferia de la periferia), para describir las desigualdades existentes (en el caso del libro, fruto de una continua re valorización del capital por sobre la vida y el bienestar de la población). Tercero, la descripción de las formas de implicación institucional y política reciente y el análisis de sus consecuencias en el desarrollo regional, indagando críticamente el sentido (y dirección) del nuevo modelo de desarrollo post 2001 y analizando continuidades y/o profundizaciones del atraso económico estructural de la región.

Consideramos que la propuesta entonces es convocante y enriquece el espacio que propone la colección que editamos con Miño y Dávila. Agradecemos a los autores por su participación.

Prólogo

Mabel Manzanal

Bajo la dirección de Silvia Gorenstein y con la autoría compartida con Alicia Castagna, Martín Schorr, Martín Napal, Isabel Raposo, María Lidia Woelflin, Paula Báscolo y Esteban Ferreira, el presente trabajo es una oportunidad para acceder a un panorama muy completo y actualizado sobre la realidad socioeconómica del norte argentino desde un pensamiento crítico.

A partir de un marco referencial sobre globalización, acumulación y desarrollo en la periferia (expuesto en la primera parte) la investigación empírica de este estudio comienza exponiendo la actualidad de los principales complejos productivos del norte y las respectivas políticas de promoción (segunda parte). Luego avanza en la caracterización de las expresiones de pobreza y vulnerabilidad social (fundamentalmente a través de la situación y calidad del empleo urbano) la intensificación de la urbanización y sus problemáticas en materia de salud, educación y hábitat; para exponer por último la problemática de las desigualdades interurbanas resultantes de las diferentes accesibilidades a infraestructuras y equipamientos (tercera parte).

Paulatinamente, a lo largo de cada capítulo se van conformando las conclusiones que, finalmente, se tornan concluyentes para mostrarnos que frente al dinamismo de la producción y la renovación tecnológica, aparecen otras imágenes, en general más ocultas que evidentes, de un modelo productivo centralmente extractivo que deviene en la reducción del empleo rural, la creciente precariedad laboral y social y, en definitiva, la persistencia e incluso el aumento de las desigualdades sociales, económicas, tecnológicas, productivas.

Es común reconocer que hoy vivimos un capitalismo fragmentado, como sostiene David Harvey, la realidad global actual se conforma con países que están yendo en distintas direcciones, incluso Estados Unidos. Cuando esto se repite dentro de cada país, con territorios y regiones que difieren notoriamente en su accionar y devenir, resulta de difícil comprensión y aceptación: ¿cómo es posible tal disparidad entre ámbitos espaciales que se encuentran bajo el ala y las directivas de un mismo Estado nacional?

Sin embargo, la lectura de este nuevo libro nos recuerda que la desigualdad entre regiones de un mismo país ha estado históricamente presente. Y asimismo, nos revela que actualmente los riesgos y posibilidades de profundización de estos procesos son mayores, porque la relación global-local comanda el devenir de los territorios con independencia de lo que prescriban las respectivas políticas nacionales.

El capital siempre necesita quebrar las barreras nacionales que impiden, controlan y regulan su proceso de valorización. Esta temática, bajo diferentes expresiones y contenidos, aparece en este estudio, que identifica las diferentes transformaciones institucionales, productivas, tecnológicas, urbanas resultantes de las políticas neoliberales de la década de 1990, como también las más actuales del período post-convertibilidad para la región del norte de Argentina.

Las políticas neoliberales llegaron para garantizar un nuevo y acelerado proceso de acumulación del capital en general y del financiero, en particular. Justificadas por el Consenso de Washington, constituyeron el instrumento por excelencia –como nos recuerdan los autores– para eliminar las barreras que frenaban la penetración del capital en diferentes territorios.

Es bajo esta modalidad que el interés por determinados espacios y/o regiones se concreta a través de la promoción de vinculaciones directas con los actores y gobiernos locales (cuestión sugerida y sustentada por la mayoría de las diferentes propuestas que se definen como desarrollo local, regional, territorial, endógeno, etc.).

Precisamente, analizando esta forma de penetración es posible explicar las distintas segmentaciones territoriales que observamos dentro de un mismo país y en Argentina en particular. En el presente documento, el estudio de complejos productivos seleccionados (como el de algodón, azúcar, foresto-industria, soja, tabaco, yerba mate) indica que sólo los capitales con mayor sustento y respaldo financiero han podido acceder a los procesos de tecnificación y diversificación productiva, quedando poco a poco los pequeños productores fuera del sistema, por falta de crédito y desestructuración de las formas previas de protección social.

Por otra parte, esta diferenciación entre zonas centrales y marginales o con disímil grado de desarrollo, dentro de un Estado-nación no es una realidad exclusiva de los países de menor desarrollo, como se entendía en los años de la segunda posguerra. Hace más de cincuenta años, el mundo y los países de la órbita capitalista mostraban un panorama aparentemente más orgánico. Se reconocía que había países desarrollados y subdesarrollados y era en estos últimos donde primaban las desigualdades sociales y económicas entre sus distintos espacios interiores.

Justamente, la lectura de esta investigación sobre el ciclo reciente del norte argentino nos enfrentará una vez más con aquella temática recurrente del análisis regional: las desigualdades del espacio nacional, bajo sus específicas manifestaciones. Sin embargo, lo que en las décadas de 1950, 1960, era una "anomalía" de los países subdesarrollados, hoy expresa al sistema capitalista como un todo, si bien con expresiones propias según el caso.

Y esto es así por el predominio que la relación global-local tiene frente al rol de los gobiernos nacionales en esta nueva etapa del capitalismo globalizado. Ahora lo que importa es lo que ofrecen los territorios, sea por sus recursos naturales, sus particularidades productivas, sus tecnologías innovadoras. Y para acceder a ellos el capital globalizado necesita liberarse de las restricciones que imponen los países, desconocer su autonomía y sus políticas. De ahí que nos estemos enfrentando nuevamente a la cuestión de la desigualdad entre espacios, territorios, regiones, aunque bajo un prisma muy diferente. Se ha dado un cambio sustancial del contexto teórico y socioeconómico y político en el que estos procesos se gestan y desenvuelven.

Fundamentalmente, porque en la actualidad se da una muy diferente dimensión geopolítica dinamizando el poder global respecto a la que existía entre las décadas de 1950 y 1970. En primer lugar, desapareció el peligro de la revolución cubana que impulsó la Alianza para el Progreso (1961). Base a partir de la cual se construyeron buena parte de las directivas y lineamientos sostenidos en las propuestas de desarrollo regional de aquél período. En segundo lugar, el capitalismo terminó de consolidarse como sistema dominante a nivel mundial con la caída de la Unión Soviética (1991) y el fin de la Guerra Fría. De este modo se gestó el contexto ideal para la hegemonía del pensamiento único, promovido por múltiples sectores del poder y justificado por intelectuales y politólogos como Francis Fukuyama –enunciando su fin de la historia y de las ideologías–.

Sin embargo y conjuntamente, las crisis capitalistas se tornaron cada vez más recurrentes, profundas y extendidas a regiones antes impensadas (como Estados Unidos en 2008 y la Unión Europea en 2011). Ello, si bien contradijo las declaraciones victoriosas de los referentes hegemónicos asociados al modelo neoliberal, instaló nuevas disyuntivas y cuestionamientos, indagaciones que, asimismo, condujeron a múltiples respuestas y propuestas.

Comprender este devenir permite esclarecer buena parte de la proliferación de enfoques y de formas de producción de pensamiento entre la etapa anterior y la actual en el campo de la cuestión regional. Y también, explica que se hayan multiplicado las contribuciones teóricas, a veces de forma tan fluida que resulta difícil identificar con claridad las escuelas de pensamiento, así como el tipo de problema al que se dirigen, como sostienen los autores de este trabajo, quienes también proponen, aunque de forma estilizada, un marco de referencia alternativo.

En particular importa subrayar el sugerente planteo acerca de la concepción de periferia y de la relación centro-periferia que se realiza en este trabajo (a raíz de que se identifica el territorio investigado –el norte argentino– con la periferia del país). Este término-concepto se pone en discusión desde una perspectiva global, mundial, buscando reinterpretarlo en el contexto latinoamericano. Es así que los autores cuestionan su capacidad heurística y recurren a Samir Amin para recuperar nuevos contenidos de la relación centro-periferia. En esta secuencia analítica reconocen diferencias entre los modelos de acumulación e industrialización de las periferias, subrayando dos cuestiones que consideran relevantes para el análisis regional: una, la modalidad de asociación con el proceso de globalización y otra, el rol de la innovación en el desarrollo localizado.

El análisis regional de la realidad económica y social del norte argentino lleva a los autores a plantear una pregunta sustantiva: ¿en la región más pobre del país, los procesos de valorización del capital y de ocupación territorial avanzan hacia formas de desarrollo que desmontan las fuerzas del atraso estructural y las inequidades históricas en materia social o el modelo de crecimiento adoptado continúa profundizando el desarrollo desigual?

Siguiendo la reflexión anterior y en el marco de las nuevas discusiones sobre la post-convertibilidad y de las propuestas que se definen como post-keynesianas, resulta por demás interesante la conclusión a la que arriban los autores cuando sostienen que tanto las regulaciones como sus ausencias han aportado más a la continuidad que a la ruptura del modelo consolidado en la década del noventa. ¿Esto significa que algo funciona mal en las prácticas de regulación si no logran, ni favorecen, la sustentabilidad y reconversión de los sectores más desprotegidos, como sucede frecuentemente con los pequeños productores?

La historia y la realidad actual que surge de este trabajo sobre el norte argentino lleva a interrogantes como: ¿cuál es el trasfondo de las demandas por mayor regulación que aparecen dentro del sistema capitalista luego de un período de vorágine neoliberal? ¿Es factible alcanzar a través de estas políticas mayor equidad? O ¿el reclamo y la oferta de regulación y su potencial implementación tienen un sentido más político que socioeconómico?

Consideramos que en el contexto de la historia del capitalismo mundial y de la Argentina en particular, los diferentes modos de regulación tienen un carácter esencialmente político. Por ello, según sea su instrumentación y aplicación, puede responder a intereses de poder y a ideologías realmente contrapuestas.

Esta cuestión nos acerca a una de las explicaciones que dan cuenta de las contradicciones del desarrollo nacional y regional. Y, en esta presentación, aparecen numerosas evidencias empíricas que nos recuerdan variadas paradojas de la historia regional argentina. Entre otras: ¿podemos justificar el accionar público y sus políticas de décadas y décadas contrastándolo con el largo período de permanencia y profundización de las desigualdades territoriales?

Vale recordar que la configuración espacial desequilibrada se inicia durante la etapa de la Argentina criolla (1776-1852) y se consolida con la Organización Nacional (1852-1880). Las políticas económicas liberales de aquel período sostenían que la constitución de la moderna e independiente Nación Argentina debía basarse en tres pilares estratégicos: la exportación de productos primarios pampeanos, la importación de manufacturas inglesas y la construcción de vías férreas convergentes hacia el puerto de Buenos Aires (necesarias para el intercambio comercial con Inglaterra). Esto terminó configurando una Nación concentrada –en términos sociales, políticos y económicos– en torno a Buenos Aires y la pampa húmeda.

Fue décadas después de haber alcanzado la independencia de España y bajo el lema de construir un país unificado, pacificado e inserto en el mercado mundial (como proveedor de carnes primero y de granos luego) que la desigual distribución económica y social de la geografía nacional se instaló, constituyendo una estructura espacial desarticulada que avanzó sostenidamente hasta tornarse estructural y de muy difícil remoción: una configuración territorial sustentada y alimentada por y a partir de la disparidad socioeconómica.

Esta estructura se resistió a las múltiples políticas públicas que señalaron explícitamente su interés por revertir tal inequidad (especialmente luego de la segunda posguerra). Por el contrario, como surge del análisis aquí presentado, no parece disparatado concluir que "paliar las desigualdades regionales" ha sido una misión imposible luego de más de un siglo y medio de sus primeras evidencias. Es lícito preguntarse: ¿por qué las políticas e intervenciones de gobiernos desarrollistas, de vertiente keynesiana o más heterodoxos, no pudieron construir una alternativa social y regionalmente más igualitaria? Y contemporáneamente: ¿es posible en el presente globalizado detener la profundización de aquella originaria conformación desigual? ¿O sólo será factible para los territorios competitivos –como reza el discurso neoliberal de la actualidad– quedando marginadas mayorías sociales y espaciales?

Sin duda, al recorrer las consideraciones que se exponen en este trabajo se recaptura la génesis del debate regional porque se renueva el campo de reflexiones en torno a la historia, la trascendencia y el futuro de la cuestión regional. Se trata de una contribución que enriquece al pensamiento teórico y político, así como también la comprensión de la dinámica de valorización del capital en zonas periféricas, en territorios problema y en los ámbitos urbanos impactados por las transformaciones territoriales en discusión.

En primer lugar, porque este trabajo presenta el devenir histórico de este campo analítico y discute las corrientes actuales provenientes de un nuevo regionalismo de raigambre europea y anglosajona; indicando que toda esta materia ya no es un reflejo de aquélla que surgió en los años de posguerra, con sello propio y asociada el pensamiento estructuralista de las décadas de 1960 y 1970.

En segundo lugar, porque también se despliegan aspectos comunes de las concepciones del pasado con los nuevos paradigmas del presente. Lo regional se acerca pero no es idéntico a lo territorial. Este último aparece, desde hace algo más de una década en América latina y en Argentina, en particular. Incorporado y definido como desarrollo territorial domina el pensamiento académico y, especialmente, el discurso de la política pública y de diversos sectores ligados al poder político y económico, nacional e internacional. Y es en este contexto que se construye, cual certeza que no admite discusión, la competitividad territorial. Considerada condición necesaria para posibilitar la inserción de determinado espacio geográfico al ámbito de lo global, requisito a su vez del nuevo paradigma de desarrollo de áreas marginales.

Al respecto los autores, en diferentes partes y oportunidades, buscan establecer un puente entre ambas perspectivas recuperando, según los casos, las cuestiones teóricas y prácticas que permiten responder determinados interrogantes de su interés, como por ejemplo: ¿por qué el crecimiento no logra motorizar un cambio, un camino tendiente a disminuir las desigualdades y, por el contrario en ciertos casos, incluso, las aumenta?

Convoca a nuestro intelecto recorrer las páginas que siguen pensando en el desafío que desde el título se nos propone: ¿crecimiento o desarrollo para el ciclo actual del norte argentino? Otro reto se suma cuando leemos una antigua cita del pensamiento regional latinoamericano que afirma que el crecimiento económico es esencialmente desequilibrado. Entonces, nos preguntamos: ¿no será necesario impensar el desarrollo regional y en realidad, el desarrollo en sí mismo? (en términos de Immanuel Wallerstein). Pues: ¿es posible identificar el desarrollo con formas más igualitarias? ¿No estaremos sustentando hipótesis engañosas basadas en la mitificación de la realidad, como suele ser practicado frecuentemente por el poder hegemónico?

Los autores dicen que están planteando un punto de partida para recapturar esta problemática, bienvenido y felicitaciones…

¿CRECIMIENTO O DESARROLLO?
El ciclo reciente en el norte argentino

Introducción

Silvia Gorenstein

> *"Pero lo que parece necesariamente implícito en toda concepción que divida el desarrollo en períodos o épocas, caracterizados cada uno de ellos por su sistema económico peculiar, es que hay puntos decisivos en el desarrollo económico en que el tiempo se acelera de manera anormal y en que se rompe la continuidad, esto es, se produce un marcado cambio de dirección en la corriente de hechos. (...) La idea de que el desarrollo se caracteriza por revoluciones periódicas contrasta, por lo tanto, con las concepciones del desarrollo económico que sólo ven en él una variación cuantitativa continua y que conciben al cambio como simple función de cierto factor que se incrementa, sea la población, la productividad, los mercados, la división del trabajo o la masa del capital."*
>
> *Maurice Dobb: Estudios sobre el desarrollo del Capitalismo.*

Este libro tiene el propósito de reflexionar sobre la realidad económica y social del norte de la Argentina. Contiene una selección de trabajos que indagan en las bases del actual sendero de crecimiento económico y sus limitantes para inducir procesos de desarrollo. Si, por un lado, las dinámicas en curso introducen rupturas y redefiniciones en trayectorias productivas regionales, por otro lado, perpetúan el atraso y desigualdad socio-territorial fruto de determinaciones histórico-estructurales y de otras, más recientes, que retroalimentan la persistencia de significativos segmentos de la población marginados de los procesos de integración social y económica.

Partiendo de esta mirada crítica, intentamos retomar la discusión sobre el desarrollo regional argentino, recuperando una de las temáticas representativas de este campo académico en las décadas del modelo de industrialización sustitutiva. ¿Puede decirse algo nuevo en relación a los obstáculos que alimentan la ausencia de desarrollo en las regiones del NEA y NOA, hoy integradas bajo la denominación Norte Grande?

Entendemos que los aspectos tratados en este volumen arrojan nuevas luces sobre la valorización del capital y los procesos de ocupación territorial en el actual contexto de alta "capilaridad" espacial y búsqueda de nuevas fuentes de ganancias y rentas. En este sentido, volvemos a los debates sobre la acumulación, la división territorial del trabajo y el desarrollo desigual, rescatando la génesis y especificidades de la región más pobre del país confrontada con las dinámicas socioeconómicas del período de la post-convertibilidad.

En estos años, ciertos indicadores macroeconómicos de la región exhiben resultados interesantes (aumento significativo del nivel de exportaciones, suba del PBI, caída de la tasa desempleo abierto, etc.) pero nuestra preocupación está puesta en las características y límites del esquema de crecimiento adoptado, y el de las políticas públicas implementadas. ¿En qué medida se densifica la estructura económica regional, con nuevos encadenamientos intersectoriales, desmontando las fuerzas de atraso estructural y las inequidades históricas en materia social?

Posicionamos estos temas desde una lectura que contempla tres ejes analíticos, organizados en las tres diferentes secciones que componen la obra. Un eje referencial donde retomo la discusión teórica sobre el desarrollo en las "periferias" (nacionales, regionales) desde el esquema centro-periferia del pasado hasta la actualidad. Analizo las diferencias, poniendo el acento en las repercusiones del proceso de globalización que integra y "desintegra" o excluye economías y espacios de acumulación regionales. En ese marco, examino la trayectoria del norte a lo largo de las diferentes fases de acumulación del país llegando al período contemporáneo. El capítulo concluye con la presentación de los interrogantes del estudio y el enfoque analítico utilizado para aproximar respuestas a los mismos.

El segundo eje se apoya en la tradición conceptual y metodológica de los complejos productivos regionales y en dos capítulos diferentes, junto a *Martín Schorr y Esteban Ferreira*, realizamos una mirada estilizada de los tradicionales (algodón, azúcar, yerba mate, tabaco y forestal), así como el de más reciente desarrollo (soja). Examinamos las nuevas condiciones (tecnológicas, organizacionales, mercados, inversiones, etc.) y, en un sentido más general, las modalidades bajo las que se expresa la dinámica capitalista que ha venido evolucionando desde hace más de dos décadas en estos complejos agroindustriales. Más allá de sus especificidades, en lo fundamental las transformaciones que aquí analizamos siguen una dirección similar a las observadas en las cadenas agroalimentarias en otras partes del mundo. Desde esta perspectiva, discutimos efectos económicos territoriales vinculados a los movimientos del capital y, particularmente, la conformación de correas de transmisión "hacia afuera" bajo el predominio del capital extranjero y/o extra-provincial, asociando las dinámicas de "desanclaje" territorial por el desplazamiento de actividades y actores económicos locales que operaban en estos complejos.

El capítulo siguiente, realizado en conjunto con *Martín Schorr*, tiene el propósito general de vincular las políticas públicas de promoción productiva y/o "regionales" implementadas en los últimos años. Estas intervenciones constituyen otro de los elementos explicativos de las tendencias observadas en la estructura productiva de la región y, al mismo tiempo, parecen adecuarse al modelo de crecimiento vigente –basado en actividades intensivas en recursos naturales– y al control oligopólico de las actividades líderes por parte de grandes capitales con una dinámica de acumulación "muy poco provincial".

El tercer y último eje analítico pone el acento en ciertas manifestaciones socio-territoriales tributarias, de manera compleja, de la estructura productiva y económica de la región. Se expresan en el funcionamiento de los mercados de trabajo, la distribución de ingresos, el proceso de urbanización, el sistema urbano y, más en general, las condiciones de vulnerabilidad socioeconómica en amplios sectores de la población. En el primer capítulo, *Paula Báscolo, Alicia Castagna, Isabel Raposo, María Lidia Woelflin* abordan los cambios que se están procesando en el sistema urbano, producto de la intensificación de la urbanización de la población y, en el marco de esta tendencia, las problemáticas estructurales relacionadas con el acceso a sus necesidades básicas (salud, educación, habitat). En esta dirección, en el capítulo siguiente *Martín Schorr y Martín Napal* intentan mostrar cómo opera el círculo de la pobreza en el norte bajo los efectos de la debilidad sistémica de las estructuras económicas locales, la muy baja calidad de los empleos urbanos y la presión de la fuerza de trabajo rural excedente y/o en movilidad permanente. En el tercer capítulo, *Alicia Castagna e Isabel Raposo* completan este análisis mostrando las desigualdades interurbanas en materia de accesibilidad a infraestructuras y equipamientos. En esta parte, además, ponen el acento en cuestiones poco habituales en los estudios económico territoriales al indagar en los factores que hacen a la conectividad general de la región expresadas en: la desconexión que persiste entre los dos subsistemas (NEA- NOA); la interacción entre los núcleos urbanos provinciales y la accesibilidad marginal entre zonas de una misma región con importantes "vacíos" o grandes extensiones marginales (muchos de ellos producto de condicionantes naturales).

Por último, entendemos que los materiales reunidos en esta obra pueden contribuir a una discusión que, hasta el momento, ha estado ausente en la agenda pública. La "cuestión regional" (o el "desarrollo territorial" en terminología más moderna), más allá de su presencia en el plano del discurso, está lejos de interpretarse como una de las problemáticas que condiciona los alcances de la actual estrategia nacional de desarrollo. En este sentido, tal como reflexiono en el capítulo final, el norte del país puede considerarse un ejemplo apropiado de las intermediaciones económicas y políticas que, desde la etapa del *Consenso de Washington*, acompañan a las facciones del capital que hoy comandan la explotación de los recursos naturales, perpetuando la dinámica de primarización económica y profundizando los mecanismos de extracción del excedente generado en diferentes territorios.

 ¿Crecimiento o desarrollo? El ciclo reciente en el norte argentino

Parte I

Perspectivas analíticas

Capítulo I

Acumulación y desarrollo regional. Discusiones, enfoques y temas sobre la experiencia del norte argentino[1]

Silvia Gorenstein

El propósito de este capítulo es reflexionar sobre la periferia argentina y su situación actual desde el plano teórico-conceptual. Esta lectura es enfocada desde las corrientes que interpretan y discuten las determinaciones estructurales del capitalismo en su dimensión espacial, seleccionando algunas de sus mediaciones analíticas para adentrarse en las dinámicas socio-espaciales de esta época y los nuevos ropajes de la acumulación del capital.

Desde esta perspectiva, en la segunda sección del capítulo se realiza una presentación estilizada de los diferentes ciclos de acumulación del norte argentino. La idea es destacar los mecanismos, particulares y específicos, de la reproducción socioeconómica histórica y estructuralmente conformada (las "cicatrices" del pasado, según Massey, 1979) para contrastarlos con las nuevas fuerzas que moldean los procesos económicos territoriales del presente. A partir de ellos se delinean interrogantes, y los tópicos de análisis interrelacionados, para el estudio de esta experiencia regional.

En la última sección, se plantean aspectos conceptuales y metodológicos. El interés aquí no es el debate teórico sino presentar las herramientas aplicadas para el abordaje de una realidad periférica concreta, complementando la discusión anterior e identificando aquellos elementos que resultan pertinentes para las investigaciones que integran el libro.

---

[1] Agradezco los comentarios y valiosos aportes de Carlos de Mattos, Víctor Fernández y José Vigil, quienes no son responsables de la lectura analítica y afirmaciones que realizo en el presente capítulo.

1. Centro y periferia en el debate regional contemporáneo

Durante las tres últimas décadas se ha elaborado una amplia literatura teórica que aborda las grandes transformaciones económicas, sociales y espaciales del capitalismo contemporáneo. Diversos abordajes han profundizado, en forma complementaria, en los escenarios regionales y urbanos emergentes reflejando las modalidades del despliegue del capital en términos sectoriales y territoriales, así como los patrones locacionales vinculados al nuevo paradigma tecnológico. Estos aspectos son utilizados para "desmontar" ciertas asociaciones que, en su momento, fueron formuladas para describir las relaciones centro-periferia.

Los fundamentos teóricos del modelo centro-periferia se desarrollaron durante el período que, con acierto, Fernández y Brandao (2010: 17) denominan de las "macro contribuciones" del pensamiento latinoamericano. Tanto la Teoría de la Dependencia como las elaboraciones de la CEPAL, a partir de las formulaciones de Prebisch dieron cuenta de las problemáticas estructurales asociadas a las relaciones con los países centrales (deterioro de los términos de intercambio; desequilibrio de la balanza de pago; dependencia tecnológica, entre las más importantes). La acumulación del capital y, en ese marco, la dinámica del proceso de industrialización, estuvieron en el centro de estos debates teórico-políticos que, con matices, se trasladó a la escala subnacional e interregional.

Dos grandes contribuciones tuvieron particular influencia en el pensamiento regional latinoamericano de esa etapa; los enfoques de tradición keynesiana, específicamente los aportes de Myrdal (1959), Hirschman (1961), Kaldor (1970) y Perroux (1967)[2], y, más adelante, la teoría de inspiración marxista sobre la división interregional del trabajo (Massey, 1979; Lipietz, 1977; Topalov, 1979).[3] Desde este armazón conceptual,

---

2 Estas contribuciones postulaban que el crecimiento económico es esencialmente desequilibrado y que el desarrollo de una región dependería de su ubicación dentro del sistema regional jerarquizado y asimétrico. El modelo de causación circular acumulativa, formulado por Myrdal y modelizado por Kaldor, interpretaba, entonces, los mecanismos que determinaban la concentración de la inversión en determinadas regiones en detrimento de otras mientras que las elaboraciones de Hirschman, en relación a los encadenamientos productivos, remitían a los efectos "hacia atrás" y "hacia delante" inducidos por las inversiones generadas desde fuera de la región. Por su parte, la teoría de los polos de crecimiento (Perroux), enfatizaba en los efectos funcionales y espaciales generados por la presencia de una industria motriz con varias industrias interconectadas.

3 Para este enfoque las desigualdades regionales son el reflejo del proceso histórico de articulación nacional e internacional de los modos de producción y, bajo el dominio

estudios realizados en diferentes países del continente interpretaron las desigualdades regionales existentes integrando, con diversos énfasis, otros elementos sociales y políticos que sostenían y retroalimentaban las relaciones centro-periferia a nivel subnacional. En términos sumamente estilizados, se presentaban cuatro aspectos centrales (Rofman y Romero, 1997; de Mattos, 2006; 2010; Cano, 1990):

i. *División interregional del trabajo.* La propagación territorial de las relaciones capitalistas de producción, y la mayor intensidad en la penetración de las mismas se produce, primero, en las actividades económicas localizadas en los sistemas centrales nacionales (estrechamente integrados al mercado mundial). Ello contrasta con el rezago de las áreas (pre-capitalistas y/o periféricas) cuya función es proveer alimentos, materias primas y fuerza de trabajo excedente al centro dominante, manufacturero y terciario.
ii. *Dominación-dependencia.* El sistema de decisión canaliza el proceso de dominación espacial vigente en correspondencia con sus objetivos de dominación económico-social. El grupo dominante del país central está vinculado al del país periférico y existe una relación de reciprocidad necesaria para la perdurabilidad del esquema de dependencia. Este esquema puede transferirse a escalas espaciales menores, donde el agente de decisión más relevante es el núcleo empresarial ("la dependencia estructural del capital" según de Mattos), guiado por su lógica de maximización de las ganancias mientras el Estado y sus decisiones políticas son funcionales al sector dominante.
iii. *Industrialización-urbanización.* La concentración geográfica de la producción manufacturera es inseparable del proceso de urbanización y esta dinámica se acentúa en el contexto latinoamericano. De Mattos (2006) ha profundizado ampliamente sobre estos rasgos; las ciudades principales preexistentes tenían ciertas ventajas que fueron percibidas como ventajas de localización por los actores privados que se involucraron en el desarrollo de actividades específicamente urbanas y, en particular, de tipo manufacturero; esas ventajas gravitaron fuertemente en las decisiones que adoptaron esos actores sociales con respecto a la ubicación sectorial y territorial de sus inversiones. De

del capitalismo, traducen las dinámicas socio-económicas y espaciales desencadenadas por el capital en la búsqueda de la maximización de sus ganancias. Durante los años ochenta, estas contribuciones críticas a la teoría de localización neoclásica también elaboraron interpretaciones sobre los procesos económicos y espaciales provocados por la crisis del fordismo en los países centrales.

este modo, las inversiones iniciales son el factor desencadenante del mecanismo acumulativo (a la Myrdal) y el excedente se constituye en la manifestación material del sistema de poder y el proceso de reproducción de las desigualdades sociales y territoriales.

iv. *El principio de la demanda efectiva y la posibilidad de quebrar el círculo vicioso del crecimiento.* Durante la etapa de la industrialización sustitutiva, los impactos sumamente reducidos fuera de las áreas metropolitanas o centrales de cada país operaron como argumento y fundamento de los lineamientos de política regional difundidos. Se postulaba la necesidad de intervención estatal, a través de estrategias deliberadas de inducción del crecimiento regional, entre las cuales se destaca: la creación de polos de crecimiento; fijación de prioridades para inversiones en el sector industrial y mecanismos promocionales aplicados en las regiones más rezagadas; inversiones estratégicas realizadas por el sector público (energía, infraestructura vial, etc.); mecanismos de compensación para actividades económicas y población localizados en regiones marginales.

En Argentina, la expresión más nítida de este enfoque se da durante la fase "desarrollista" (1958-62), cuyas propuestas tenían como eje: la plena integración espacial del país; la ampliación y consolidación del mercado nacional; y, la integración de zonas y recursos naturales inexplorados.[4] Los Planes Nacionales de Desarrollo de 1964 y 1969-70, "coincidieron en el objetivo de derrotar al sub-desarrolllo y en poner en valor programas de desarrollo regional"; las metodologías de acción propuestas incluían: estímulos promocionales a través de subsidios estatales, oficinas regionales de programación e infraestructura de transporte y energía (Rofman y Von Storch, 2005: 3).

La pertinencia teórica del modelo centro-periferia comienza a ser cuestionada en la última década del siglo XX. Benko y Lipietz (1994: 27-28), al sistematizar los nuevos ejes del debate teórico a través de los aportes compilados en su obra, advierten que: "desde fines de la década de 1960 fue necesario rendirse a las evidencias: ciertas periferias se industriali-

---

4   "El petróleo y la radicación de nuevas industrias han roto para siempre el esquema de país pastoril con un solo centro fabril erigido en torno al puerto de Buenos Aires: la geografía económica argentina se está modificando rápidamente. Pronto será leyenda la desolación de la Patagonia y la pobreza crónica del norte. Nuevas ciudades y centros de producción se formarán a lo largo de los gasoductos y de las líneas de alta tensión como antes se formaban a lo largo de las vías férreas" (Diario de Sesiones de la Cámara de Diputados de la Nación, 1960, citado en Rofman, 1981: 35).

zaban" y esto ponía en tensión a los desarrollos teóricos derivados de la segunda "ortodoxia" del pensamiento regionalista de los sesenta, asociado a las variantes del estructuralismo global y la teoría dependentista.[5] Las regiones que "ganan", para estos autores, o los "espacios ganadores" según Castells (1996), no necesariamente son las más industrializadas dado que se había producido un proceso de difusión industrial a todas las escalas y se advertía la conformación de distintos tipos de centros y periferias.

La división internacional del trabajo, antes centrada en el intercambio de productos manufactureros y primarios entre centro y periferia, se había transformado estableciendo relaciones de intercambio entre productos manufacturados con distintas proporciones de capital y trabajo calificado. Castells, en el artículo ya mencionado, diferencia cuatro posiciones en esta nueva división espacial del trabajo: productores de alto valor, basados en trabajo informacional; productores de alto volumen, basados en bajos costos; productores de productos sin transformar, basados en recursos naturales; productores reducidos a trabajos devaluados, de modo que "todos los países son penetrados por las cuatro posiciones indicadas... y ciertamente las más poderosas economías tienen segmentos marginales de su población (y de su territorio) en la posición de trabajo devaluado" (Castells, 1996:147, citado en Caravaca, 1998).

Dadas estas nuevas condiciones, ¿cuál es entonces el significado del concepto periferia? Como concluye Oliveira "el término-concepto periferia ya no tiene capacidad heurística para describir e interpretar la mundialización, y es usado ahora para designar una imagen apenas ideal de una economía mundo —en los términos de Immanuel Wallerstein— de círculos concéntricos, pero ya no describe la relación", estrechamente asociada a la vigencia del Estado-Nación del pasado (de Oliveira, 2006: 36, traducción propia). Desde esta reflexión se puede derivar otra, siguiendo a Samir Amin, de crucial importancia para la comprensión de los nuevos contenidos de las relaciones centro-periferia. *La desindustrialización* relativa de los países centrales, frente a la *industrialización* de las periferias, es una expresión más de las formas de polarización que los primeros ejercen en la división mundial del trabajo a través de cinco monopolios: financieros, del control de las tecnologías, del control de los recursos naturales del planeta, de los medios de comunicación masiva y de los armamentos de destrucción masiva. Entre otros aspectos, los centros son entonces los que moldean la modernización relativa de las periferias en

---

5   Bajo estas corrientes los autores ubican las formulaciones postkeynesianas de la teoría del desarrollo económico (Furtado, Sunkel) y las que provenían del marxismo (Samir Amin, Gunder Frank, Wallerstein).

la medida en que detentan las capacidades para orientar el desarrollo de las fuerzas productivas y, en este sentido, retomando reflexiones de Arriguí[6], la posibilidad de "dar alcance" (desde la periferia) se vuelve ilusoria (Amin, 1999: 69-72, 150).

No obstante, existen marcadas diferencias entre los modelos de acumulación e industrialización de las "periferias". Amsden (2004: 76) hace notar la paradoja entre América Latina, abriendo sus mercados a las exportaciones de ultramar y a mayores inversiones de las empresas transnacionales, "borrando su pasado" de industrialización sustitutiva, mientras "Asia reinventaba la sustitución de importaciones para las industrias de alta tecnología". En la misma dirección, la cita de Enrique Arceo resulta elocuente:

> "La diferencia central de América Latina con las regiones periféricas más exitosas no es, fundamentalmente, el ritmo de crecimiento de las exportaciones; las de México incluso aumentaron a un ritmo similar a las del Este de Asia. Lo relevante es el hecho que su crecimiento tiene lugar sin cambios significativos en la clase de productos exportados, es decir, sin la dinámica que presentan las exportaciones de otras regiones como consecuencia de un proceso paralelo de industrialización y diversificación estructural. La participación de la industria manufacturera en América Latina se reduce y es menor al 17% mientras que en el Este de Asia pasa, entre 1994 y 2005, del 29% al 33% del PBI, siendo su motor, sobre todo en Corea, Taiwán y China, la expansión de exportaciones de mayor valor agregado y complejidad tecnológica" (Arceo, 2009: 100).

¿Cómo se traduce este conjunto de argumentaciones en el campo teórico urbano y regional latinoamericano? Para analizar este aspecto es necesario tener en cuenta, primero, que no se visualizan aportes de "sello propio" tal como ocurriera bajo el predominio del pensamiento estructuralista de las décadas de 1960 y 1970.[7] Los enfoques que se han instalado se enmarcan en el llamado Nuevo Regionalismo, de fuerte raigambre europea y anglosajona, abarcando diversas corrientes, ninguna de ellas claramente dominante. La situación es tan fluida que, muchas veces, es difícil iden-

---

6   "El centro es predominantemente el lugar de emplazamiento de las actividades cerebrales y la periferia el 'locus' de los músculos, y los nervios" (Arrigí, 1997, citado en Arceo, 2005: 32).

7   Para una reflexión sobre este período del pensamiento latinoamericano, y los procesos que motorizan cambios en su óptica analítica, vease de Mattos (2010: 167-227).

tificar con claridad las escuelas de pensamiento (neo-institucionalistas, evolucionistas; regulacionistas, neo-estructuralistas) así como el tipo de problema que da origen a la nueva conceptualización.[8]

Sin embargo, dos preocupaciones centrales están en la base del debate urbano y regional del presente período: las repercusiones del proceso de globalización[9] y el papel de la innovación en el desarrollo localizado. La primera, aunque abordada desde diferentes perspectivas analíticas, puede sintetizarse a través de lo que de Mattos (2010: 237-238) denomina "nueva arquitectura productiva" relacionando la articulación multinacional bajo el formato básico de cadenas globales y redes de producción transfronterizas. La intensidad y cobertura geográfica de este proceso, si bien son heterogéneas, no se pueden interpretar con la perspectiva centro-periferia del pasado. Tanto en uno como en otro tipo de áreas, pueden distinguirse ámbitos integrados a la sociedad global, de otros que quedan excluidos, dentro economías nacionales abiertas y espacios de acumulación "desfronterizados".

Esta última condición –la exclusión espacial– se vuelve crucial en los análisis regionales realizados durante los años noventa. Veltz (1996) advertirá sobre la diferencia radical que se plantea entre un espacio dominado-dependiente y un espacio excluido, señalando que lo que Damette (1995) denomina *segregación disociada* reemplaza cada vez más a la *segregación asociada*[10] (Veltz, 1996: 57). De ese modo, los espacios no excluidos económicamente son, como en el pasado, los que poseen las condiciones más favorables para la valorización del capital, mientras que los mejor articulados constituyen los nodos que viabilizan la conectividad

---

8   En forma estilizada estas corrientes pueden agruparse en: las modelizaciones inspiradas en las formulaciones de Krugman (1992) sobre la llamada nueva geografía económica; las contribuciones, que enfatizan en los recursos y procesos de desarrollo endógeno de las regiones (Vázquez Barquero, 2000; Alburquerque, 2002, entre otros), en los activos relacionales y las interdependencias no-mercado (Storper, 1995) y en el aprendizaje colectivo (Pecqueur, 1996; entre otros); los análisis en profundidad sobre los nuevos distritos industriales (Becattini, 1994; 2002; Markusen, 1996, entre otros); la corriente institucionalista centrada en el rol de las instituciones y la sociedad civil (Amin, 2000, entre otros). Para una lectura abarcativa y crítica de estas nuevas contribuciones, véase Martin (1999); Klink (2001); Fernández (2007).

9   En la literatura urbana y regional latinoamericana es más frecuente el uso del término globalización en lugar de mundialización que, en su momento, se difundió a través de diversas contribuciones de la escuela regulacionista y neo-marxista francesa.

10   Se asocia con la difundida imagen del *archipiélago* mundial formulada por este autor.

con otros nodos o filiales de redes localizadas en diversos lugares especializados.[11]

Frente a esta dinámica territorial cabe tener presente los síntomas observados por Oliveira, al aludir a la *"balcanización de las regiones"*, en el sentido de recortes no integradores que llevan a una división reiterada de los espacios. Más allá de los elementos específicos que el autor analiza para el escenario regional brasileño, esta visión pueden vincularse, en un sentido más general, con otras realidades y dinámicas económico-territoriales (Oliveira, 2006: 47-48):

i. la acumulación de capital bajo el dominio financiero, característica de la globaliización, desarticula la capacidad de las economías nacionales para autodirigir el proceso de acumulación del capital productivo;

ii. esta mudanza, redefine las relaciones internas de las regiones y la división interregional del trabajo basada en el paradigma de la especialización. La mundialización del capital productivo (cambio tecnológico mediante) permite recoger de prácticamente todas las partes del mundo, piezas y componentes;

iii. la localización, y consecuentemente la división regional del trabajo, está cada vez más indeterminada, siendo sus elementos más fuertes la financierización que selecciona los lugares para el capital productivo y, aunque parezca paradójico, la orientación política de los Estados.

Con relación a este último punto, y por su particular importancia para la región que nos ocupa en esta obra, cabe recordar que desde mediados de la década de los noventa, la dupla recursos naturales-desarrollo económico vuelve al debate teórico-político planteado, en su inicio, desde la CEPAL.[12] Esta vez, los recursos naturales no serían "un castigo de Dios" siempre y cuando se deriven las condiciones económicas capaces de motorizar

---

11   Estos análisis han sido desarrollados, fundamentalmente, por la prolífica corriente de estudios urbanos enfocados en las características y dinámicas de las ciudades-regiones globales (Sassen, 1999).

12   En el prólogo del libro sobre aglomeraciones en torno a los recursos naturales, editado por la CEPAL (2005), se afirma que este programa partía de la experiencia histórica de otros países ricos en recursos naturales, como Canadá, Estados Unidos, Australia, Alemania, Nueva Zelanda, entre otros, y que estas experiencias se contrastan con América Latina, donde su dotación de recursos naturales no parecía traducirse en resultados satisfactorios en materia de desarrollo económico.

las múltiples actividades (de producción manufacturera y servicios) que tienden a aglomerarse en torno a dichos recursos (Ramos, 1998).[13]

Este tipo de análisis se conecta con el énfasis que han recibido las aglomeraciones productivas (los clusters) y la búsqueda de los llamados "activos específicos" y capacidades localizadas (trama institucional, cultura, infraestructuras, factores políticos) combinando el abordaje de la segunda cuestión mencionada: la innovación.

La asociación industria-desarrollo urbano regional, planteada en las formulaciones estructuralistas reseñadas más arriba, es ahora mediatizada por análisis que enfatizan los factores que condicionan la innovación y las dificultades del proceso de industrialización con mayor contenido tecnológico. En este contexto, y siguiendo buena parte de la literatura internacional, se enfatiza en las ventajas aglomerativas y de proximidad como una de las fuentes del conocimiento y aprendizaje, procurando visualizar de qué forma los clusters pueden gestar sinergias colectivas para la construcción de ventajas competitivas dinámicas.

Ahora bien, ¿es posible ampliar y complejizar los encadenamientos generados por las actividades intensivas en recursos naturales?, ¿cómo evitar profundizar la especialización regresiva, asociada a una estructura industrial que produce bienes poco elaborados? Brandao (2007), analizando los procesos de desarrollo económico territorial que se están produciendo en Brasil, plantea algunas cuestiones que tienen bastante relación con el actual escenario del norte argentino y, muy especialmente, con la discusión sobre sus alternativas de desarrollo:

i. En los sectores intensivos en recursos naturales, orientados locacionalmente por la cercanía a estas fuentes de materias primas (minerales, energéticos, superficie cultivable) países como Brasil, y también Argentina, son eficientes en las fases iniciales del proceso productivo y

---

13 Al respecto, y más recientemente, C. Perez señala: "Tanto los límites a la disponibilidad de recursos naturales como la amenaza del cambio climático van a convertirse en fuerzas clave para moldear los mercados y las tecnologías relacionadas con la energía, los materiales, el agua y los alimentos. Esto lleva a pensar que la escasez tenderá a elevar los precios de los productos naturales, convirtiendo su posesión en una ventaja aun mayor. Estos precios cambian junto con el incremento de los costos del transporte, que penalizará el traslado de las materias primas no procesadas en todo el mundo. Esto podría favorecer el procesamiento local. Al mismo tiempo, el aumento de los precios presiona a los usuarios a la utilización cada vez menor de esos materiales por unidad de producto. Esto favorecería a los materiales más finamente especificados, como es el caso de los sugeridos en esta estrategia" (Perez, 2010: 141).

en productos poco elaborados.[14] Pero, a medida que se avanza en estas cadenas productivas en fases productoras de bienes con mayor grado de transformación, diferenciación, sofisticación tecnológica, etc., la capacidad competitiva va disminuyendo.

ii. Los sectores industriales difusores del progreso tecnológico (maquinarias y herramientas, electrónica, telecomunicaciones, biotecnología, etc.), particularmente afectados por las políticas neo-liberales de los noventa, tienden a reconcentrarse en los principales polos metropolitanos. Asimismo, mientras las principales transformaciones tecnológicas e innovaciones se concentran en estas ramas, las plantas de mayor contenido tecnológico y las instituciones de I&D se localizan en los polos urbanos más dinámicos.

iii. Los sectores manufactureros maduros, como textil, calzado, alimentos y bebidas manifiestan cierta desconcentración espacial con nuevas localizaciones en áreas periféricas, muchas veces bajo el estímulo de políticas de promoción, diferimientos impositivos y/o la búsqueda de mano de obra más barata. Esta desconcentración espacial es posible porque se trata de industrias poco exigentes en relación a la complejidad de las externalidades requeridas.

iv. Para estas ramas manufactureras, más allá de las posibilidades de exportación (nacional e internacional) que puedan tener, existen condicionantes que devienen de la estrechez de los mercados internos periféricos en términos de su poder adquisitivo, salvo algunos centros urbanos de mayor tamaño y complejidad urbana.

Al estudiar las dinámicas económico-territoriales que se están procesando en el norte del país, históricamente la región periférica de la Argentina, se puede comprobar que sigue siendo un territorio ligado a las actividades intensivas en recursos naturales, hoy mayoritariamente articuladas a cadenas globales. Esta trayectoria exportadora exitosa, combinada con indicadores de crecimiento económico significativos, no necesariamente se traduce en dinámicas virtuosas en términos de desarrollo socioeconómico; fenómeno que no es novedoso pero que estaría reflejando nuevas problemáticas y temas regionales.

---

14 Al respecto, Arceo recuerda que "en 'Agropecuarios y forestales básicos y agroindustria' (se exporta) un porcentaje relativamente elevado de productos centrales que ha permitido históricamente al sur de Brasil, Uruguay y Argentina la obtención de una elevada renta internacional ligada a la extensión y calidad de sus recursos naturales en relación a los países centrales que son sus exportadores mayoritarios" (Arceo 2009: 95).

El nuevo ciclo de reprimarización, de la mano de unos pocos grandes agentes económicos (regionales, nacionales, internacionales), provoca cambios en el sistema de relaciones sociales y espaciales e imprime los rasgos fundamentales del proceso de acumulación y crecimiento económico de los últimos años. Ello comporta dos cuestiones relevantes: la apropiación y retención parcial de los excedentes generados, en buena medida canalizado hacia el "exterior" y el fortalecimiento de los factores que impulsan la concentración y la centralización del capital. Por otro lado, la capacidad económica de los mercados internos provinciales impone límites al tamaño y la diversificación de las respectivas estructuras productivas que se "ordenan", principalmente, en función de lo que es demandado desde el "exterior" (provincias centrales y algunos mercados externos).

Se plantea, entonces, una tensión fundamental entre la debilidad y/o fragilidad socio-económica del sistema urbano, combinada con la fuerte primacía propia de la urbanización periférica, y las posibilidades de penetración de ciertas actividades (servicios avanzados, industrias y entramados productivos complejos, etc.) en determinados puntos del espacio (Campolina Diniz *et. al*, 2006). A su vez, como en otras sociedades de este tipo, el proceso de urbanización reciente está totalmente "desconectado" del desarrollo manufacturero, mientras se acelera y profundiza la producción de áreas urbanas hiperdegradadas (*slums*) (Davis, 2004: 9-10)[15] caracterizadas por la falta de empleo, pobreza y marginalidad social. En suma, una concatenación de fenómenos y dinámicas que se traducen en el tradicional circulo vicioso myrdaliano.

2. El norte y los ciclos de su condición periférica

La literatura histórica y regional permite identificar la génesis del esquema de organización social, económica y política del territorio que hoy conforma el norte del país (corrientemente definido como regiones del NEA/Nor-este y NOA/Nor-oeste). En rasgos estilizados:[16]

---

15   Este autor compara el desarrollo urbano-manufacturero, con su típica generación de diversos segmentos de consumidores, y el caso del Dublín victoriano donde los barrios pobres no eran la expresión de la revolución industrial sino el receptáculo de una fuerza de trabajo excedente.

16   Entre la bibliografía existente, aquí se utiliza: Balán (1978); Rofman y Romero (1997); Panaia, Aparicio y Zurita (2000); Chiaramonte (1993).

i. A fines del siglo XVI ya se habían originado los centros principales y las vías de comunicación que giraban en torno al Virreinato del Alto Perú. Dentro de este esquema colonial, las fundaciones respondían a la valorización de algunos recursos mineros o a la necesidad de controlar las rutas establecidas por las dos corrientes de la colonización española. Con la del Alto Perú, surgen Santiago del Estero y Tucumán; la primera, asociada a la necesidad de mano de obra indígena para las minas del Potosí y, la segunda, como centro político y comercial, mientras que Salta y Jujuy se fundan más tarde cuando se crea el Virreinato del Río de La Plata. La corriente colonizadora proveniente del Atlántico da origen a los principales centros del NEA, Asunción (dentro del actual territorio paraguayo) y las misiones jesuíticas (Misiones y áreas del actual territorio brasileño), más tarde, Corrientes.

ii. Con la creación del Virreinato del Río de la Plata se altera el esquema espacial anterior. Comienzan a perfilarse configuraciones territoriales que respondían a una doble lógica espacial "centrípeta" (Rofman y Romero, 1997): una, más general, expresaba la activa ruta comercial entre Potosí y Buenos Aires, la otra, reflejaba la organización de los centros coloniales en torno a su *hinterland*. Esta estructura se institucionalizó en la primera fase de ruptura del régimen colonial, con la creación de buena parte de las jurisdicciones provinciales. Entre 1810 y 1853 algunas provincias redactaron su propia constitución;[17] por su parte, Chaco, Formosa y Misiones, en el NEA, pertenecían al estatus jurídico de Territorios Nacionales mientras se producía el proceso de ocupación e integración efectiva de las áreas que se mantenían en manos de la población aborigen.[18]

iii. La consolidación del Estado nación (batalla de Pavón, 1861) y el proceso de formación de una economía nacional, con centro en Buenos Aires, se va expresar, entre otros aspectos, en el desplazamiento de las producciones y relaciones mercantiles ligadas a la organización colonial anterior. El ferrocarril que conectaba al puerto de Rosario con Córdoba, completado en 1866, se extiende a Tucumán en los primeros años de la década del setenta. En el siguiente trayecto, fines del siglo XIX, y el primer cuarto del siglo XX, la región del NOA consolida su

---

17 La provincia de Jujuy se institucionaliza al separarse de Salta en 1834.

18 El proceso militar se encara luego de las campañas de Roca en la Pampa y la Patagonia (1879-80), y en 1884 se dividió el territorio en dos gobernaciones: al norte Formosa y al sur el Chaco, cuya provincialización recién se dará en los años cincuenta del siguiente siglo.

organización espacial (áreas cultivadas, mercados de trabajo, procesamiento, etc.) vinculada al complejo azucarero. En el NEA, por su parte, al tradicional cultivo de yerba mate se suma la explotación forestal –en las riberas del Paraná-Paraguay con epicentro en la actual provincia de Chaco–[19], el algodón[20] y la ganadería. En esta fase también se completan líneas del ferrocarril en la llanura del NEA (línea Metán-Barranqueras y Embarcación-Formosa).

En relación con este proceso histórico interesa aquí subrayar tres cuestiones. Primero, pese al nacimiento temprano de la mayoría de las capitales provinciales, el proceso de urbanización fue lento y tardío respecto al seguido por las provincias ligadas al complejo agroexportador pampeano, salvo el caso de Tucumán. Nótese que según el censo poblacional de 1895, la unidad territorial conformada por todas las provincias, exceptuando Chaco y Formosa, concentraba el 40% de la población nacional (Vaca y Cao, 2005). Sin embargo, al analizar los centros urbanos ordenados por rango-tamaño en tres momentos históricos distintos, tal como los hacen Rofman y Romero (1997: 150), sólo Tucumán (NOA) y Corrientes (NEA) integraban el conjunto de las diez ciudades principales del país (más de 20.000 habitantes) en 1914.

Segundo, se constata una clara continuidad, pese a ciertos cambios en la canasta de productos, del perfil de inserción productiva a medida que se afianza y desarrolla la división regional del trabajo dentro del Estado nacional. Se trata de una especialización basada en la explotación de recursos naturales (minería, agricultura), que en muchos casos persiste desde la etapa colonial. La producción primaria y las actividades de transformación muy próximas a la actividad agraria (caña de azúcar, tabaco, yerba mate, algodón, forestal) han conformado las bases de sustentación de las economías provinciales en el marco de una dinámica que, en esencia, fue definiendo ciclos de ruptura y re-especialización por el agotamiento del recurso natural (bosque) y/o la pérdida de mercados (interno/externo).

La tercera cuestión, muy relacionada con la anterior, tiene que ver con el carácter subordinado de este patrón de inserción productiva a lo largo de las distintas fases del proceso de acumulación nacional. Hasta bien avanzado

---

19   La actividad forestal en gran escala se desarrolla con la expansión del ferrocarril (producción de durmientes y postes) y con la producción de tanino (bosques de quebracho).

20   La expansión algodonera se produce después de la primera guerra mundial, acompañada por un fuerte proceso de asentamiento de inmigrantes europeos.

el período contemporáneo, fines del siglo XX, las estructuras productivas provinciales si bien con diferencias en relación al tipo de productos y grado de especialización (en general producciones agrícolas basadas en cultivos industriales) presentaron un rasgo común: no integraron el núcleo dinámico de la economía nacional. Ello se tradujo, entre otros aspectos, en procesos productivos regionales condicionados por la dinámica de un sistema económico nacional único, liderado por otro conjunto de producciones (las pampeanas), que fue modulando dicha especialización, la posibilidad de adecuación y/o transformación de acuerdo a las pautas centrales, así como el papel y funciones dentro de ese esquema global de división territorial del trabajo. (Gatto y Quintar, 1985).

Durante esa etapa, el esquema de intervención respondía a la lógica imperante para la atención de "las regiones problema" articulando, según la jerarquía de las provincias, la necesidad de integración-amplificación del mercado interno. Las políticas básicas apuntaron a la continuidad de la estructura social dual y al pilar económico de las "producciones regionales" (Vaca y Cao, 2005: 150). Se trataba de asegurar las condiciones mínimas de reproducción en la estructura de la pequeña agricultura familiar ("precio sostén"), y de evitar la crisis de sobreproducción (cupo azucarero, limitación de área sembrada) como forma de asegurar "cuasi-rentas de privilegio"[21] a la cúpula empresarial conformada por grandes empresarios locales entrelazados con sociedades pampeanas e internacionales. Paralelamente, se fortalecieron las infraestructuras y equipamientos de los centros provinciales más importantes.

Desde la última década del siglo anterior, se perfilan y consolidan nuevas especializaciones que tensionan con la trayectoria productiva anterior, también atravesada por cambios significativos. No se trata sólo de producciones subordinadas. En ciertas provincias, como se verá en otras secciones de esta obra, ha tenido lugar el llamado proceso de *pampeanización* –difusión espacial de estas producciones (básicamente soja)–, además de la expansión de la minería, el turismo u otras pocas actividades estrechamente vinculadas con el exterior. Al mismo tiempo, se desatan otros procesos y fenómenos relacionados con: la desarticulación del esquema que regulaba las principales producciones regionales (cupos, subsidios,

---

21 Aplicando la conceptualización de Nochteff la noción de cuasi renta alude a situaciones en que su percepción está sostenida por instituciones que crean rigideces de oferta; las *cuasi rentas* de privilegio se generan, entonces, en aquellas situaciones "facilitadas por barreras institucionales al ingreso (reservas de mercado, privilegios de financiamiento, subsidios)..., incluyendo entre ellas a las que surgen de la escasez de factores naturales acompañada de instituciones restrictivas" (Nochteff, 1996: 114).

     ¿Crecimiento o desarrollo? El ciclo reciente en el norte argentino

precio sostén); la renovación de las cúpulas económicas provinciales por retiro y/o cambios societarios en grupos empresariales de larga trayectoria en la región (Massuch, Ledesma); y los efectos contractivos sobre el empleo y la actividad económica derivado de la privatización de empresas públicas (Altos Hornos Zapla; YPF).

En este sentido, cabe una breve referencia al marco normativo de esta última fase marcada por los lineamientos del *Consenso de Washington* –políticas de ajuste estructural–, y el impulso decisivo en la privatización de las empresas e infraestructura pública, la apertura económica y la desregulación de los mercados. Con estas bases de sustentación, se produce un cambio sustantivo respecto al énfasis del período anterior; las intervenciones genéricamente asociables al criterio de "regiones problemas" se transforman en acciones tendientes a facilitar los "mecanismos del mercado", especialmente en los de trabajo y capital.[22] De hecho, tal como se verá en diferentes capítulos de la obra, estas políticas tuvieron efectos concretos tanto en el NOA como en el NEA en la medida en que "arbitraron" en favor del capital concentrado (local, nacional, internacional) y sus inversiones en actividades intensivas en recursos naturales.

3. Las problemáticas del norte y su abordaje

Los factores estructurales asociados a la persistente condición periférica de las regiones del NEA y NOA han sido tratados en profundidad por la literatura regional pasada y reciente. Gatto, refiriéndose a los últimos años, afirma que:

> "[la] región norte del país sigue, como hace ya más de cuarenta años, un estilo de progreso económico heterogéneo y de diversas velocidades, de escasa inclusión social, muy complejo por las tramas socio-productivas (y políticas) que gesta, escasamente sistémico y cohesionado y de implicancias intergeneracionales futuras profundas" (Gatto, 2007: 309).

---

22   El replanteo crítico del esquema de sustitución de importaciones de orientación interna, así como del "estatismo" que predominara en los regímenes anteriores, se sustentaba en cuatro argumentos básicos: i) la liberalización económica reduce las ineficiencias estáticas provenientes de la mala asignación y el desaprovechamiento de recursos; ii) la liberalización económica incrementa el aprendizaje, el cambio tecnológico y el crecimiento económico; iii) las economías orientadas al exterior son más capaces de enfrentar las conmociones externas adversas; y, iv) los sistemas económicos basados en el mercado son menos propensos al derroche a través de las actividades del tipo *rent-seeking* (Rodrik, 1995).

Este escenario regional, al que se suma la aparición de otras problemáticas, genera una serie de preguntas de investigación a las que esta obra intenta responder y que, al relacionarse con el enfoque metodológico adoptado, pueden traducirse en sus líneas analíticas básicas:

- ¿Cuáles son las actividades que comandan la actual fase de crecimiento de estas economías regionales y por qué sus correas de transmisión hacia adentro están lejos de motorizar un cambio e incluso, en ciertos casos, aumenta la desigualdad social existente?
- ¿Qué actores, agentes e intereses específicos se movilizan en los procesos de reconversión productiva que se están produciendo?; ¿qué características tienen las nuevas inversiones y negocios? ¿quiénes son y dónde se ubican sus centros de decisión? ¿cuáles manifestaciones sociales y espaciales pueden asociarse a estas nuevas dinámicas?
- ¿Hasta qué punto influyen las políticas públicas nacional y regional sobre los procesos de cambio socio-productivo?; ¿qué rol ejercen sobre la inducción y/o fortalecimiento de proyectos vinculados a los actores económicos de anclaje territorial?
- ¿Cuáles son los alcances de los procesos de "involución" urbano-rural –en el sentido socio-espacial planteado por Davis (2004)– ante la urbanización de la población en las últimas décadas? ¿Cómo ello incide en la estructura urbana de la región?
- ¿Cómo efectuar los recortes analíticos que permitan dar repuesta a los interrogantes anteriores? En particular, ¿qué conceptos operativos utilizar y de qué modo capturar la naturaleza y especificidad de ciertas nuevas dinámicas sociales, económicas y territoriales?

Con la intención de acercar respuestas a estos interrogantes se ha optado por una trayectoria analítica que parte de las estructuras productivas territoriales, en tanto expresiones de las condiciones de generación y apropiación del excedente económico. Después, se profundiza en el recorte urbano analizando la dinámica del sistema de ciudades, los mercados de trabajo, y las infraestructuras y dotaciones colectivas, para entender mejor las condiciones de reproducción social y otras manifestaciones que combinadas –directa o indirectamente– con el plano económico-productivo también moldean la dimensión espacial del desarrollo económico.

Los agrupamientos productivos conforman un complejo, o *sistema productivo territorial*, integrado por empresas (independientes o interdependientes) que pertenecen a un mismo sistema de input-output (o cadena productiva: explotaciones agropecuarias, unidades industriales, comerciales, de servicios). En su abordaje se implementa el marco conceptual-metodológico de los complejos productivos regionales (CPR)[23]. Este enfoque sistémico permite reconocer las relaciones (mercantiles y no mercantiles) de los agentes e instituciones que lo integran, los ámbitos en los que convergen actividades conexas de diferente naturaleza y las relaciones asimétricas y de dominación propias de los procesos de reproducción del capital que se producen en estos espacios económico-territoriales. Desde esta perspectiva, se delimitan los contornos del debate sobre las formas en que las dinámicas de cada complejo se territorializan: el azúcar y el tabaco en el Noroeste (NOA), la yerba mate y el forestal en el Noreste (NEA), el algodón, principalmente en Chaco, y la soja, oleaginosa no tradicional en la región pero de acelerado crecimiento y acumulación de tierras de provincias del NOA y NEA en los últimos años.

Con este recorrido analítico es posible interpretar el juego de fuerzas socioeconómicas que se combinan en determinada provincia o área de la región. Más allá de las especificidades, cada uno de los CPR expresa las nuevas dinámicas –globalizadas– que modulan el acceso a los recursos y a los mercados en el marco de una generalizada internacionalización de la propiedad patrimonial (tierras, "paquetes tecnológicos" prediseñados, infraestructuras de almacenaje, equipamientos, etc.). Las empresas transnacionales son los motores de esta nueva configuración productiva, de acumulación global, enmarcando diversas posibilidades para la integración de las zonas de producción locales bajo diferentes cadenas y/o redes globales. La "integración" –subordinación– de cada complejo productivo a estos circuitos se traduce en su capacidad efectiva para estimular, deteriorar o empobrecer los tejidos socioeconómicos locales.

La política pública, en su práctica sectorial y territorial, es otra de las variables estratégicas que inciden en el direccionamiento de estas trayectorias productivas. Tal como se menciona en un acápite anterior, siguiendo las reflexiones de Oliveira (2006), las modalidades de intervención del Estado no son ajenas a la dinámica económica territorial desplegada en la fase actual de financierización y capitalismo globalizado. En tal sentido, la discusión sobre las políticas públicas implementadas en el norte del país adopta un enfoque que combina la visión de las lógicas sectorial-regional con particular atención en las herramientas que, en los últimos

---

23 El estudio del funcionamiento de los complejos productivos regionales tiene una larga tradición en Argentina (Levin, 1974; Rofman 1984; Gatto y Quintar, 1985, entre otros) y, en el período más reciente, esta metodología se aplica incorporando las nuevas dinámicas asociadas a la globalización y mayor apertura económica (Gutman y Gorenstein, 2003; Gorenstein y Viego, 2006, entre otros).

años, contribuyeron a la profundización de procesos de acumulación territorial basados en la explotación de recursos naturales, favoreciendo la entrada y consolidación de inversiones extra-regionales (internacionales y nacionales).

El análisis del sistema urbano proporciona elementos complementarios relacionados con la dinámica económica regional, en la medida en que el espacio urbano articula (mejor o peor) y potencia (más o menos) un conjunto de dotaciones, equipamientos, actividades productivas, empleos, sinergias y otras capacidades ("economías de aglomeración"). [24] En este abordaje se contempla el principio de jerarquía u orden de las ciudades en la organización espacial (Camagni, 2005: 19), asumiendo la tendencia de las regiones a organizarse alrededor de centros o nodos que desempeñan un papel clave en la prestación de servicios, procesamiento y distribución de bienes para estas poblaciones. Cabe señalar que el modelo reticular o paradigma en red, de fuerte ascendencia en los estudios urbanos contemporáneos, se adapta mejor al tratamiento de economías urbanas con elocuente presencia industrial y del terciario especializado. Las del norte del país, en general, están bastante alejadas de esa performance; los esquemas de jerarquía persisten como memoria territorial en el marco de ciertas redes físicas de conectividad que lenta pero progresivamente van integrando las partes de mayor "atractividad" (especialmente paisajes, recursos naturales y conexiones de mercados externos) de este vasto territorio.

Estos puntos de entrada, en su continuidad analítica, responden al propósito principal de analizar y discutir una realidad regional en el escenario socio-económico que ha venido evolucionando en la última década. Sin embargo, no se trata de un cuadro regional completo. Existen proyectos políticos, hegemonías, poderes locales impulsados por las elites dominantes, en las distintas sociedades provinciales, que seguramente han ganado nuevos significados en este momento histórico de la región.[25] Existen nuevas contradicciones y conflictos sociales frente a la materialización

---

24 Desde su función económica, las ciudades proporcionan un lugar para el mercado y diversidad de beneficios (ahorro de tiempo, disminución de costos de transacción, concentración de información, etc.) derivados de la proximidad espacial de actividades y personas. Por su parte, los efectos regionales de aglomeración dan cuenta de la relación mutuamente dinámica entre regionalidad y nodalidad.

25 En este sentido, y a modo de ilustración, puede mencionarse la constitución de la Región Norte Grande creada hacia fines de los años 1990 –mediante un tratado vinculado a la operación del Ferrocarril Belgrano Cargas–, que ha avanzado en convenios referidos al estudio y proyectos del Corredor Bioceánico Norte e infraestructuras de integración transfronteriza. Independientemente de su capacidad institucional (política, operativa, etc.), conviene advertir que se ha convertido en un referente

de otras problemáticas –como las ambientales– y diferentes disputas por la apropiación privada de los recursos naturales (Manzanal y Villarreal, 2010). Estos planos del debate no están explícitamente contemplados, si bien el marco conceptual adoptado para el desarrollo de los temas que aquí se abordan permite mostrar, desde una perspectiva estructural, expresiones y alcances específicos de la actual dinámica de valorización del capital localizada en la región. Un punto de partida que, por un lado, recaptura la génesis del debate regional argentino y, por otro lado, estimula el desafío de nuevos estudios territoriales focalizados en el análisis de las diversas fuerzas que moldean el desarrollo o su ausencia.

Bibliografía:

Alburquerque, F. (2002) *Desarrollo económico territorial: Guía para Agentes*. Universidad de Sevilla, Instituto de Desarrollo Regional, Sevilla.

Amin, A. (2000) "Una perspectiva institucionalista sobre el Desarrollo Económico Regional", *Cuadernos IPPUR/UFRJ*, Río de Janeiro, año XIV, nro. 2, pp. 47-68, ago./dic.

Amin, S. (1999) *Los desafíos de la mundialización*, Siglo XXI editores, Madrid.

Amsden, Alice (2004) "La sustitución de importaciones en las industrias de alta tecnología: Prebisch renace en Asia", *Revista de la CEPAL* N° 82, Santiago de Chile.

Arceo, E. (2009) "América Latina. Los límites de un crecimiento exportador sin cambio estructural", en Arceo, E. y Basualdo, E. (comps.) *Los condicionantes de la crisis en América Latina. Inserción internacional y modalidades de acumulación*. CLACSO, Buenos Aires.

Arceo, E. (2005) "El impacto de la globalización en la periferia y las nuevas y viejas formas de la dependencia en América Latina", *Cuadernos del CENDES*, Caracas, nro. 60, pp. 25-61, sept.-dic.

Aydalot, Ph. (1985) *Économie régionale et urbaine*. Economica, París.

Balán, J. (1978) "Una cuestión regional en la Argentina: Burguesías provinciales y el mercado nacional en el desarrollo agroexportador", *Desarrollo Económico,* vol. 18 nro. 69, Buenos Aires.

Becattini, G. (1994) "El distrito Marshalliano: una noción socioeconómica", en Benko, G. y Lipietz, A.G., *Lãs Regiones que ganan. Distritos y redes. Los nuevos paradigmas de la geografía económica,* Edicions Alfons El Magnànim Generalitat Valenciana Dip. Provincial de Valéncia, pp. 39-58.

Becattini, Giacomo (2002) "Del distrito industrial marshalliano a la teoría del distrito contemporánea. Una breve reconstrucción crítica", *Revista Investigaciones Regionales* nro. 1, Asociación Española de Ciencia Regional, Alcalá de Henares.

Benedetti, A. (2002) "Los efectos de la inclusión. Transformaciones territoriales y reorganización de la red de lugares poblados en las tierras altas de Jujuy durante el siglo XX". Ponencia XIII World Congress of the International Economic History Association in Buenos Aires.

---

regional con presencia en diferentes acciones de intermediación y acompañamiento de políticas sectoriales.

Benko, G. y Lipietz, A. (1994) *Lãs Regiones que ganan. Distritos y redes. Los nuevos paradigmas de la geografía económica*, Edicions Alfons El Magnànim Generalitat Valenciana Dip. Provincial de Valéncia.

Brandão, C. (2007) *Territorios & Desenvolvimento. As múltiplas escalas entre o local e o global*. Editora UNICAMP, Campinas, Brasil.

Camagni, R. (2005) *Economía urbana*, Antonio Bosch Editor/Universitat Autònoma de Barcelona.

Cano, W. (1990) "Reestructuración internacional y repercusiones interregionales en los países subdesarrollados. Reflexiones sobre el caso brasileño", en Alburquerque, de Mattos y Jordán (eds.) *Revolución tecnológica y reestructuración productiva: impactos y desafíos territoriales*. Grupo Editor Latinoamericano, Buenos Aires.

Caravaca, Inmaculada (1998) "Los nuevos espacios ganadores y emergentes", *Revista EURE,* vol. 24, nro. 73, Santiago de Chile.

Castells, M. (2009) "Globalization, networking, urbanization. Reflections on the Spatial Dynamics of the Information Age", University of Southern California, Los Angeles, Article prepared for Urban Studies.

Castells, M. (1996) *The rise of the Network Society*. Blakwell, Massachusetts-Oxford.

Campolina Diniz, C.; Santos, F. y Crocco, M. (2006) "Conhecimento, inovação e desenvolvimento regional/local", en Campolina Diniz, C. y Crocco, M. (orgs.) *Economia Regional e Urbana. Contribuçoes teóricas recentes*. Editora UFMG, Belo Horizonte.

CEPAL (2005) *Aglomeraciones en torno a los recursos naturales en América Latina y el Caribe: Políticas de articulación y articulación de políticas*. Santiago de Chile.

Coraggio, J.L. (1987) *Territorios en transición. Crítica a la Planificación Regional en América Latina*. Ciudad, Quito.

Chiaramonte, J. (1993) "El federalismo argentino en la primera mitad del siglo XIX", en *Federalismos latinoamericanos: México, Brasil, Argentina*. Fondo de Cultura Económica, México.

Davis, M. (2004) "Planeta de ciudades-miseria", *New Left Review*, nro. 26, pp. 5-34.

Damette, F. (1995) *La France en villes*, La Documentation Française.

de Mattos, C. (2010) *Globalización y metamorfosis urbana en América Latina*, Olacchi, Municipio Metropolitano de Quito.

de Mattos, C. (2006) "De la planificación a la governance: implicancias para la gestion urbano-regional", Notas de Clase; Instituto de Estudios Urbanos y Territoriales, Pontificia Universidad Católica de Chile.

de Oliveira, F. (2006) "As contradições do ao Globalização, nação, região, mãetropolizacao", en Campolina Diniz, C. y Crocco, M. (orgs.) *Economia Regional e Urbana. Contribuçoes teóricas recentes*. Editora UFMG, Belo Horizonte.

de Oliveira, F. (1980) *A Economia da dependĕncia imperfecta*, Ediçõe do GRAAl, 3° edición, Río de Janeiro

Dirven, M. (2001) "Complejos productivos, apertura y disolución de cadenas", en Dirven, M. (comp.) *Apertura económica y (des) encadenamientos productivos. Reflexiones sobre el complejo lácteo en Argentina*, CEPAL, Santiago de Chile.

Fernandez, V.R. (2007) "Explorando las limitaciones del nuevo regionalismo en las políticas de la Unión Europea: Una perspectiva latinoamericana", *Revista EURE*, vol. 33, nro. 98, pp. 97-118, mayo, Santiago de Chile.

Fernandez, V. y Brandão, C. (2010) *Escalas y políticas del desarrollo regional. Desa-*

fíos para América Latina. Miño y Dávila editores, Buenos Aires.

Gatto, F. (2007) "Crecimiento económico y desigualdades territoriales: algunos límites estructurales para lograr una mayor equidad", en Kosacoff, B. (ed.) *Crisis, recuperación y nuevos dilemas. La economía argentina 2002-2007*. CEPAL, Buenos Aires.

Gatto, F. y Quintar, A. (1985) "Principales consecuencias socieocnómicas de la división regional de la actividad agrícola", Documento de Trabajo CEPAL nro. 17, Buenos Aires.

Gorenstein, S. y Viego, V. (comp.) (2006) *Complejos productivos basados en recursos naturales y desarollo territorial. Estudios de caso en Argentina*. EdiUNS, Bahía Blanca.

Gutman, G. y Gorenstein, S. (2003) "Territorio y sistemas agroalimentarios, enfoques conceptuales, dinámicas recientes en Argentina", *Desarrollo Económico*, vol. 43, nro. 168, Buenos Aires.

Hirschman, A.O. (1961) *La estrategia del desarrollo económico*. Fondo de Cultura Económica, México.

Kaldor, N. (1970) "The case for regional policies", *Scottish Journal of Political Economy*, november.

Klink, J.J. (2001) *A cidade-região. Regionalismo e reestructura_ão no Grande ABC Paulista*, DP&a Editora, Río de Janeiro.

Krugman, P. (1992) *Geografía y Comercio*, Antoni Bosch Editor, Barcelona.

Levin, P. (1974) *Diagnóstico de sub-sistemas*, CFI, Buenos Aires.

Lipietz, A. (1977) *Le capital et son espace*, Maspero, Paris.

Manzanal, M. y Villarreal, F. (2010) *El desarrollo y sus lógicas en disputa en territorios del norte argentino*, Ediciones Ciccus, Buenos Aires.

Martin, R. (1999) "The new geographical turn in economics: some critical reflections", *Cambridge Journal of Economics*, N° 23.

Markusen, A. (1996) "Sticky places in slippery space: a typology of industrial districts", *Economic Geography*, vol. 72, Issue 3 (July), pp. 293-331.

Massey, D. (1984) *Spatial divisions of labour. Social structures and the Geography of Production*. MacMillan, Gran Bretaña.

Massey, D. (1979) "In what sense a regional problem?", *Regional Studies*, nro. 2, Oxford.

Myrdal, G. (1959) *Teoría económica y regiones subdesarrolladas*. Fondo de Cultura Económica, México.

Nochteff, H. (1996) "La experiencia argentina: desarrollo o sucesión de burbujas?", *Revista de la CEPAL*, nro. 59, pp. 113-119.

Panaia, M.; Aparicio, S.; Zurita, C. (2000) *Trabajo y población en el Noroeste Argentino*. La Colmena, Buenos Aires.

Pecqueur, B. (1996) "Sur la composante territoriale des processus d'apprentissage cognitif collectif", en Pecqueur B. (ed.) *Dinamiques territoriales et mutations économiques*. L'Harnattan, París.

Pérez Carlota (2010) "Dinamismo tecnológico e inclusión social en América Latina: una estrategia de desarrollo productivo basada en los recursos naturales", *Revista de la CEPAL*, nro. 100, Santiago de Chile.

Perroux, F. (1967) *Economia do Século XX*. Herder, Porto.

Rallet, A. y Torre (dir.) (1995) *Économie industrielle et économie spatiale*. Económica, Paris.

Ramos, Joan (1998) "Una estrategia de desarrollo a partir de los complejos productivos (clusters) en torno a los recursos naturales", Documento de la CEPAL LC/R 1743/Rev.1, Santiago de Chile.

Rodrik, D. (1995) "Las reformas a la política comercial e industrial en los países en desarrollo: una revisión de las teorías y datos recientes", *Desarrollo Económico*, nro. 138, vol. 35, Buenos Aires.

Rofman, A. y Von Storch, V. (2005) "Una propuesta para el desarrollo regional en el marco del Plan Fénix", Jornadas de Economías Regionales-Plan Fénix, Universidad Nacional de Cuyo, Mendoza septiembre.

Rofman, A. y Romero, L. (1997) *Sistema socioeconómico y estructura regional en la Argentina.* Editorial Amorrortu, segunda edición, Buenos Aires.

Rofman, A. (1984) "Subsistemas espaciales y circuitos de acumulación regional", *Revista Interamericana de Planificación* (SIAP), nro. 70, Bogotá.

Rofman, A. (1981) *La política económica y el desarrollo regional.* Colección Universidad y Pueblo, Universidad Simón Bolívar, Bogotá.

Sassen, S. (1999) *La ciudad Global. Nueva York, Londres, Tokio*, EUDEBA, Buenos Aires. (cap. 1: Introducción, pp. 29-47).

Scott, A. (2006) "Creative Cities: conceptual issues and policy questions", *Journal of Urban Affaire*, vol. 28, nº 1, Blackwell publishing, Oxford.

Scott, A. (2000) "Economic geography: the great half-century", *Cambridge Journal of Economics*, nº 24.

Storper, M. (1995) "La géographie des conventions: proximité territoriale, interdépendances non marchandes et développement économique", en Rallet, A. y Torre (dir.) *Économie industrielle et économie spatiale.* Economica, Paris.

Topalov, Ch. (1979) *La urbanización capitalista. Algunos elementos para su análisis.* Editora Edicol, México.

Vaca, J. y Cao, O. (2005) "Continuidades y rupturas en las desigualdades territoriales de la República Argentina", *Revista Estudios Regionales*, Universidad de Andalucía, Sevilla.

Vázquez Barquero (2000) "Desarrollo endógeno y globalización", *Revista EURE*, vol. 26, nro. 79, pp. 47-65. Santiago de Chile.

Veltz, P. (1996) *Mundialización, ciudades y territorios.* Editorial Ariel, Barcelona.

Complejos productivos regionales y políticas públicas

Parte II
Complejos productivos regionales y políticas públicas

En esta parte del libro se analizan y discuten las transformaciones operadas en los complejos productivos tradicionales del norte del país, los cambios derivados de la irrupción de un cultivo típicamente pampeano (soja), y el marco de políticas públicas de promoción económica implementadas en las dos últimas décadas.

El primer capítulo refiere a los tres complejos productivos con encadenamientos industriales (algodón, azúcar y foresto-industria), mientras que el segundo condensa el análisis de los de base más primaria (soja, yerba mate y tabaco). En ambos casos el enfoque se centra en las preocupaciones siguientes: configuración y dinámica de la cadena de valor; relaciones laborales y, más en general, dinámicas asociadas a la apropiación y reparto de la renta; desarrollos tecnológicos incorporados y su influencia en la estructura productiva y social de cada complejo (ver Cuadro 1).

Desde esta perspectiva, y en rasgos sumamente estilizados, se observan dinámicas motorizadas por:

- rupturas de cadenas de valor agregado por procesos de deslocalización de fases manufactureras o reprimarización por cambios en la orientación de mercado (del interno al externo); redefiniciones en la configuración por una mayor integración hacia atrás y hacia adelante de los actores nodales;
- concentración económica en todas las cadenas de valor, en especial, en las fases de comercialización primaria y de procesamiento industrial, que en conjunto con los cambios en la titularidad del capital (hacia grandes grupos nacionales de fuera de la región y/o extranjeros), deterioran las correas de transmisión económica "hacia adentro";

- cambios tecnológicos en la producción primaria, vinculados con la introducción de mecanización y nuevos paquetes tecnológicos (variedades, fertilizantes, agroquímicos) que impactaron de manera particular en la reducción de la demanda de mano de obra (permanente y transitoria) y el incremento de su calificación; el aumento en la escala económica de las explotaciones y la disminución de la pequeña agricultura familiar; y la aparición de "nuevos" actores ligados a la provisión de servicios a la producción (contratistas).

En todos los CPR se analizan los efectos provocados por las políticas públicas: la promoción industrial de fines de la década de los setenta; los regimenes promocionales implementados en los noventa; las políticas de desregulación que impactaron específicamente en los pequeños productores regionales (tabaco, yerba mate, algodón, etc.) y la financiera (privatización de bancas provinciales). El último capítulo de esta parte completa la visión examinando, particularmente, las políticas que se introducen en el período de la post-convertibilidad, la lógica de las herramientas implementadas y sus debilidades para inducir nuevas cadenas de valor y revertir la reprimarización de las economías del norte.

Cuadro 1: Dinámicas de los complejos productivos en el norte argentino. Rasgos estilizados

Complejo	Estructura Cadena de valor	Relaciones laborales	Polarización en la distribución de la renta	Aspectos Tecnológicos
ALGODÓN	Desintegración de producción primaria con industrial. Desaparición de pequeños productores. Concentración de la tierra. Dependencia de precio relativo soja.	Desplazamiento-precarización fuerza de trabajo y productor minifundista.	Concentración en grandes productores prestadores de servicios (maquinaria, transporte y financiamiento).	Mecanización en cosecha. Complementario y dependiente de la soja.
AZÚCAR	Concentración de producción. Mayor productividad y menor participación de actores pequeños. Integración con otras cadenas de valor (biocombustibles).	Gran reducción de mano de obra y migraciones. Demanda trabajo calificado. Contratistas.	Alta concentración en siete grupos económicos: grandes ingenios integrados.	Mecanización, y cambios organizacionales.
FORESTO INDUSTRIAL	Concentración de tierra. Desarrollo forestal y primera transformación para exportación. Bajo desarrollo bienes finales.	Informalidad y baja calificación en PyMEs. Escasa demanda en grandes.	Concentración en grandes grupos económicos y de capital extranjero.	Tecnificación en producción y transporte. Integración vertical.
SOJA	Desplazamiento de cultivos tradicionales. Ocupación de nuevas tierras (desmonte). Concentración de la producción. Actividades logísticas integradas. Transnacionalización.	Muy baja demanda de mano de obra y desplazamiento agricultura familiar.	Actores relevantes externos a la región. Renta diferencial por integración vertical.	Nuevo paquete tecnológico y sistema organizativo.
TABACO	Aumento de la escala de producción, reducción de pequeños productores. Incrementos en productividad y calidad. Destino exportador.	Menor demanda de mano de obra. Trabajadores transitorios. Contratistas.	Concentración en compra de materia prima. Dependencia en tecnológica y sistema de producción.	Cambio de variedades, uso de agroquímicos y mecanización.
YERBA MATE	Pequeñas explotaciones con bajo rendimiento sin capacidad de reproducción. Integración vertical en grandes productores tecnificados.	Mayoría de trabajadores transitorios. Tendencia ahorradora de mano de obra. Contratistas.	Renta diferencial por integración en molinos y comercializadoras. Regulación de precios determina ingresos de productores chicos.	Cámaras de estacionamiento acelerado en grandes molinos.

Capítulo II
Complejos productivos con encadenamientos industriales en el norte argentino: algodón, azúcar y foresto-industria

Martín Schorr, Esteban Ferreira y Silvia Gorenstein

El norte argentino no se caracteriza por su grado de integración industrial, ni sus encadenamientos productivos, sus industrias –por cierto escasas–, están generalmente en relación de dependencia con la región central del país; son, más bien, una parte subordinada dentro de la matriz productiva nacional trazada a partir de grandes empresas extranjeras y nacionales.

En este contexto, por cuestiones climáticas y tecnológicas, algunas cadenas de valor han alcanzado algún grado de desarrollo en el norte del país. En este capítulo se caracterizan tres complejos productivos que cumplen con la premisa de generar ciertos encadenamientos: los casos del azúcar en el noroeste (NOA), el algodón principalmente en Chaco y el forestal en el noreste (NEA). Las tres actividades son tradicionales y emblemáticas para la región con diferentes derroteros en la historia argentina reciente.

A los efectos de este trabajo se procura caracterizar estos complejos y extraer aspectos de su funcionamiento estructural que permitan contribuir al entendimiento del desarrollo regional en el norte de nuestro país.

Complejo algodonero

Las consecuencias sociales derivadas de las transformaciones provocadas durante las últimas décadas en el complejo algodonero, particularmente en la provincia de Chaco, se materializan a partir de la incorporación de la soja dentro del modelo productivo regional. En efecto, el sistema productivo moderno del algodón comienza a imponerse lentamente a partir de 1976, crecientemente con la Promoción Industrial de los años ochenta, derivada del abandono del modelo de sustitución y se consolida en la década del noventa con el auge del neoliberalismo, caracterizándose por la fragmentación de la estructura productiva en un gran número de pequeños productores empobrecidos, prácticamente fuera del sistema, y una reducida cantidad de grandes productores tecnificados en expansión que se apropian de la renta sectorial. Factores económicos y tecnológicos confluyeron en el nuevo esquema productivo que alcanza un estadio superior en los últimos años con la expansión de la frontera de la soja hacia las áreas tradicionales algodoneras.[1]

La fortaleza de la cadena de valor algodonera de la provincia del Chaco, hasta mediados de los setenta, radicaba en la relativa integración vertical de la producción primaria con la industrial. La ventaja para el desarrollo de la cadena de valor era la disponibilidad de algodón a partir del cual se montaba incipientemente la industria textil chaqueña. Su desarrollo acompañó el crecimiento del mercado interno, destino casi exclusivo de la producción. El complejo se articulaba desde la provisión de la materia prima en el territorio hacia la industria textil instalada en la provincia: 70 establecimientos industriales y más de 5.000 ocupados conformaban el sector fabricante de hilados y tejidos de la provincia de Chaco según el Censo Nacional Económico (CNE) 1985 (Cuadro 1).

Asimismo, desde fines de los setenta, el esquema de acopio y desmote liderado por el sistema cooperativo local comienza a desmoronarse a instancias de la desaparición del crédito público a dichas organizaciones y la derivada introducción de grandes empresas privadas proveedoras del servicio (Gatto y Quintar, 1985).

En los noventa se inicia un proceso de tecnificación y diversificación productiva al cual accedieron los productores con mayores extensiones y respaldo financiero, conformando un sector productivo algodonero dual: el de pequeños productores sin capacidad de transformación ni capital y en permanente empobrecimiento y el de medianos y grandes altamente capitalizados que diversificaron la producción con orientación creciente hacia la soja.

---

1   Se podría agregar el factor climático en el cambio del sistema productivo regional ya que el aumento de las precipitaciones (corrimiento de la isohieta de 800 milímetros) permitieron sembrar en áreas que antes solo se podían lograr bajo riego (Pértile, 2004).

Cuadro 1. Chaco. Sector de hilados y tejidos en los Censos Económicos. Locales y ocupados.

	Locales	Ocupados	Ocupados por local. Promedio
1985	70	5.119	73
1994	58	2.180	38
2003	52	1.849	36
Var. 85/94	-17,1%	-57,4%	-48,6%
Var. 94/03	-10,3%	-15,2%	-5,4%

Fuente: elaboración propia en base a INDEC. CNE 1985, 1994 y 2004/2005.

Los regímenes de promoción industrial de la década del ochenta derivaron en el traslado de buena parte de las hilanderías hacia los nuevos polos industriales fomentados por el Estado que se instalaron en San Luis, Catamarca, La Rioja, San Juan y Tucumán desarticulando la cadena de valor en el Chaco.[2] Así, la reducción en el número de establecimientos y, fundamentalmente, de cantidad de ocupados entre 1985 y 1994 marca el cambio de régimen y la transformación de la provincia casi exclusivamente en proveedora de materia prima al resto de la cadena de valor localizada fuera de la región. El CNE de 2004/2005 muestra la continuidad del proceso.

Los costos de transporte se transformaron en la variable inductora de la ampliación de las explotaciones mínimas rentables y de la baja del precio del algodón a los efectos de mantener competitivas a las industrias. En este sentido, García (2007: 3) señala que

"Al romperse la cadena de valor agregado en la producción del algodón, se produce el quiebre definitivo de la estructura socioeconómica sobre la que se había montado, hasta entonces, el perfil productivo de la Provincia del Chaco. A partir ese momento, su participación en la producción queda limitada al fardo (algodón en bruto-acopio-desmote); y los precios de la materia prima producida por los pequeños productores caen en el mercado local por los costos de traslado que de allí en más requerirán".

La reducción en el número de ocupados superó la pérdida de la misma industria a nivel nacional, y la del resto de la industria manufacturera en el

---

2   Véase Carlino (2004). Se puede consultar Carlino y Torrente (2002) para un análisis global del impacto de la promoción industrial en el Chaco.

Chaco, resultando en un tamaño de empresas de menor porte sin capacidad de absorber la materia prima provincial.

El otro elemento sostén de la actividad fueron las cooperativas desmotadoras provinciales, mediadoras entre los productores y la industria que, a través del crédito público barato, garantizaban el pago de la materia prima y el costo financiero hasta su realización como fibra. Este sistema priorizaba la sustentabilidad social a través de la actividad económica de pequeños productores por encima de la eficiencia.

Su participación en el desmote provincial fue en ascenso a medida que la actividad se expandía, retroalimentando el sistema local. La privatización de Banco de la Provincia marcó el cambio de régimen que convirtió al financiamiento de la producción en la clave del complejo. La menor participación de las cooperativas no sólo transfirió renta local hacia otros actores, crecientemente fuera del sistema provincial dada la reducida capacidad actual de desmote local, sino fundamentalmente desfinanció a los pequeños y medianos productores favoreciendo a los capitalizados de mayor tamaño, aumentando los costos de producción y variando la escala mínima de producción rentable generando el inicio de la concentración de la tierra (Gráfico 1).

Los pequeños productores, en especial los minifundistas, paulatinamente fueron quedando fuera del sistema: los costos de flete y los financieros, sumado a los menores precios percibidos por los reducidos volúmenes comercializados y el desplazamiento de las cooperativas del canal comercial, hicieron inviable su ecuación económica frente a los grandes productores, recibiendo además un precio inferior por la materia prima por su escaso poder de negociación a partir de la reducida producción por explotación unitaria, ya que su comercialización otrora directamente en las cooperativas pasa a realizarse por medio de acopiadores, con los que es usual que intercambien algodón por mercaderías para el consumo familiar o, en algunos casos, por insumos destinados a distintas etapas del mismo cultivo (Elena, 2010).

Gráfico 1. Desmote de algodón en cooperativas y participación en el total. Toneladas y porcentaje.

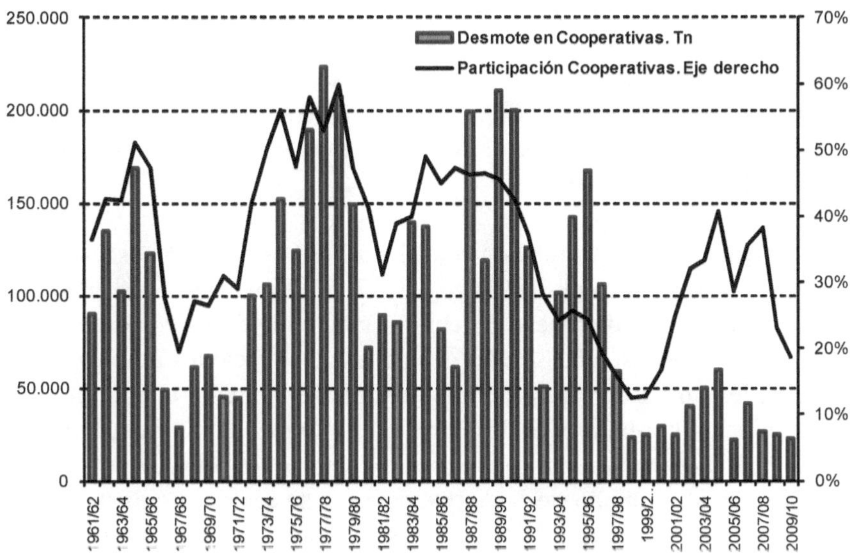

Fuente: elaboración propia en base a Valenzuela (2005) y Ministerio de Producción y Ambiente de Chaco.

En suma, el efecto de las políticas públicas relacionadas con la Promoción Industrial y la desaparición del crédito, en el marco del cambio de modelo económico, condicionaron el desenvolvimiento del complejo provincial. Estos elementos, junto al impulso de las nuevas tecnologías, conformaron el sistema productivo moderno vigente.

El factor tecnológico relevante, aunque no el único, fue la incorporación de la cosechadora mecánica. Ésta incremento decididamente la productividad de la actividad, directriz del paradigma vigente, mejorando su rentabilidad relativa respecto de otros cultivos. Así, ante subas significativas en el precio internacional del algodón, como en la coyuntura actual, muchos grandes productores aumentaron la superficie sembrada dando continuidad a una actividad en franco retroceso durante los últimos años. Sin embargo, el acceso a la maquinaria constituye una barrera de entrada importante para el reinicio de la actividad algodonera.

La sustentabilidad de los pequeños productores en el esquema actual se ve agravada no sólo por los costos más elevados respecto de los productores tecnificados sino también por no poder completar sus ingresos como "braceros" en la cosecha de las grandes fincas. Al respecto, Rofman (2000: 141) señala que

"La incorporación de la cosechadora mecánica, que se inicia a principios de la década de 1990, supone romper con este esquema productivo y social. Mientras que uno de los dos conjuntos de actores tiende inexorablemente a desaparecer, el otro [...] obtiene beneficios crecientes, dadas las ventajas que, en materia de costos de producción, supone reemplazar fuerza de trabajo por maquinaria".

De acuerdo a la información censal, en 1988 existían 26 cosechadoras de algodón en la provincia de Chaco, en el 2002 alcanzaban a 328 unidades, mostrando un rápido proceso de tecnificación que no ha sido homogéneo. Mientras que en ese año sólo el 4% de las explotaciones agropecuarias (EAPs) tenían cosechadora de algodón, su distribución denota el nivel de tecnificación relativo: el 86% son EAPs de más de 50 hectáreas y el restante 14% pertenecen a pequeños productores (Cuadro 2).

El reducido tamaño de las explotaciones de los minifundistas no es sólo un problema para la introducción de cosechadoras, también lo es para la rotación de cultivos ante cambios en la demanda o en los precios. Las posibilidades de sustitución de cultivos aumentan con el tamaño de las explotaciones, de modo que a las bajas posibilidades de innovación e intensificación productiva de los pequeños productores debe sumarse la ausencia de alternativas de sustitución. El círculo vicioso del monocultivo en explotaciones de reducidas dimensiones sin maquinaria condicionó su evolución e imposibilitó solventar intentos de cambio y progreso (Valenzuela y Scavo, 2008).[3] En el mismo sentido, Rofman y García (2007: 16) señalan: *"Esa imposibilidad de rotar cultivos, por el tamaño del predio, se extiende a la ausencia de opciones hacia otras actividades agropecuarias intensivas, vedadas por la ausencia de planes y financiamiento con dicho objetivo"*.

En este sentido, el Censo Nacional Agropecuario (CNA) 2002 revela que el 29% de las EAPs registraban monocultivo de algodón, siendo el

---

3   Los autores agregan (pág. 3): *"La cadena de obstáculos parte del monocultivo, factor determinante del desgaste y la erosión de los suelos, que genera cronogramas de ingresos muy concentrados, los cuales significan a su vez, un altísimo grado de riesgo ante las plagas y fenómenos meteorológicos desfavorables y también implican una notoria inferioridad de condiciones a la hora de negociar la venta del producto, obteniendo en muchos casos, sobre todo en épocas de saturación del mercado interno, precios inferiores a los vigentes"*.

90% de las mismas de menos de cincuenta hectáreas. El Cuadro 2 también muestra que el 28% de las EAPs no recibieron ningún tratamiento de fertilizantes o agroquímicos, siendo el 98% pertenecientes al grupo de productores crecientemente marginados y en proceso de extinción.

Cuadro 2. Características productivas por tamaño de EAP.

	EAPs con cosechadoras	Monocultivo de algodón	EAPs sin tratamiento
Respecto total de EAPs	4%	29%	28%
Distribución			
Hasta 50	14%	90%	98%
Más de 50	86%	10%	2%

Fuente: elaboración propia en base a INDEC. CNA 2002.

La resultante de este proceso de modernización productivo fue la reducción de las EAPs totales entre 1988 y 2002 en un 48%, prácticamente todas en el segmento de productores de hasta cincuenta hectáreas, junto a un incremento en las de más de doscientas hectáreas. Por su parte, los cambios en las hectáreas dedicadas al algodón por estrato fueron aun más profundos en cuanto a la nueva conformación productiva, arrojando explotaciones medias muy superiores para los grandes productores, denotando la transferencia de tierras dentro del complejo pese a la reducción del conjunto global dedicado al algodón (Cuadro 3).

Cuadro 3. Cantidad y tamaño de EAPs. 1988 y 2002.

Escala de extensión Ha	EAPs				Hectáreas				Tamaño medio. Ha	
	1988	2002	Diferencia		1988	2002	Diferencia		1988	2002
			Abs.	Rel.			Abs.	Rel.		
Hasta 5	3.989	2.480	-1.509	-38%	13.307	7.757	-5.550	-42%	3,3	3,1
5 a 50	6.276	2.725	-3.551	-57%	114.938	51.683	-63.255	-55%	18,3	19,0
50 a 200	1.355	700	-655	-48%	125.780	69.476	-56.304	-45%	92,8	99,3
más de 200	105	139	34	32%	31.391	56.135	24.744	79%	299,0	403,8
Total	**11.725**	**6.044**	**-5.681**	**-48%**	**285.415**	**185.050**	**-100.365**	**-35%**	**24,3**	**30,6**

Fuente: INDEC. CNA 1988 y 2002.

Los productores que sacaron provecho del nuevo modelo fueron aquellos que aumentaron el tamaño de sus explotaciones y se tecnificaron produciendo en escala a menor costo y con mayor rentabilidad por hectárea.

En términos sociales las consecuencias de este proceso son evidentes, de unos 100.000 trabajadores rurales en 1995 sólo el 20% continuaba en la actividad una década después. La mecanización es la principal variable explicativa: una cosechadora de tres surcos realiza en un día el equivalente al trabajo de 400 cosecheros manuales durante una jornada (García, 2007). Semejante reducción de cosecheros disminuye el complemento de ingresos de los minifundistas que se generaba a través de las tareas de laboreo y cosecha en predios más grandes.[4]

El Gráfico 2 señala la superficie implantada de algodón y soja en la provincia de Chaco en los últimos treinta años. Luego del pico de producción de algodón en la campaña 1997/98, cuando la diferencia a favor del algodón era de cinco veces y media, en sólo dos años la soja se impuso sobre el tradicional cultivo provincial, alcanzado en la campaña 2002/2003 una superficie nueve veces superior. La actual relación de precios internacionales ha reducido la diferencia a 1,8 veces en la última campaña.

La elección entre algodón y soja, a partir de su precio relativo, es exclusiva de los medianos y grandes productores. Los predios reconvertidos en muchos casos son producto de la compra de tierras a pequeños y medianos productores, altamente endeudados, por parte de los grandes o de consorcios de la zona central del país, que expanden sus negocios hacia territorios antes impensados para el cultivo de oleaginosas, con muy inferiores requerimientos de mano de obra y baja incertidumbre en cuanto a su rendimiento final.

---

4   En los últimos años, el Ministerio de la Producción y Ambiente de Chaco, la Facultad de Agronomía de la Universidad Nacional del Nordeste y el INTA han generado ciertas innovaciones para producciones en baja escala. Las más significativas son la tecnología de siembra en surco estrecho y la respectiva adaptación de cosechadoras. La reducción de la distancia entre surcos permite incrementar las plantas por hectárea, disminuyendo el tiempo de maduración requerido para la siembra, factor que reduce las posibilidades de daño del picudo. La resultante es más producción por hectárea en menos tiempo con menores pérdidas por plagas (García, 2007). Sin embargo, la autora desestima su aplicación en pequeñas explotaciones dado que requiere mayor cantidad de horas de trabajo o empleo del trabajo familiar en forma intensiva, considerando que mientras se privilegie la rentabilidad por sobre el trabajo, los pequeños productores se mantendrán al margen del sistema productivo actual.

Gráfico 2. Superficie implantada de algodón y soja en Chaco. Hectáreas.

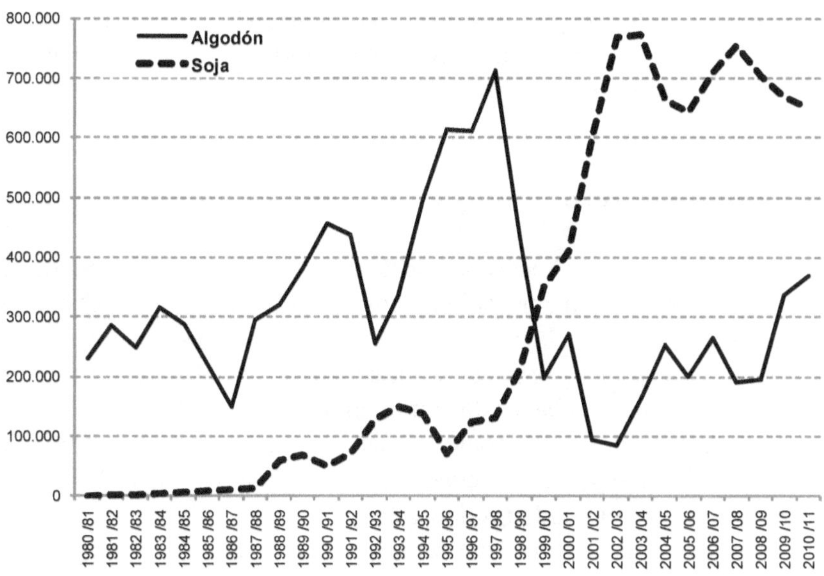

Fuente: Ministerio de Agricultura, Ganadería y Pesca de la Nación.

El significativo incremento en el precio internacional del algodón desde fines de 2009 ha generado nuevas reacciones en la coyuntura local.[5] Por un lado, el aumento del área sembrada en un 88% en dos campañas, que muestra la rápida respuesta de los grandes productores diversificados aprovechando señales del mercado a instancias de la soja y otros cultivos.[6] Por otro lado, la disputa con la industria textil por el precio de la materia

---

5   La suba en el precio del algodón se explica por la reducción en las cosechas de tres de los cuatro grandes productores (Estados Unidos, China y Pakistán) por problemas climáticos y, derivado de lo anterior, a las restricciones a las exportaciones de China e India para mantener sus stocks.

6   La actual expansión en la producción de algodón, resultado de los excepcionales precios internacionales, ha originado una mayor demanda de cosechadoras (que salieron de la región en el ciclo de producción en baja o están abocadas a la soja) y no de "braceros", dada la diferencia de costos, por lo cual no es de esperar una mejora para los pequeños productores. El Ministro de Producción y Ambiente de Chaco ha señalado que se necesitan el doble de cosechadoras para recolectar y que *"la mano de obra es escasa y muy cara, lo que le quita rentabilidad al productor"* (Chaco Prensa, 25/02/2010). La prioridad continúa siendo la rentabilidad de los grandes productores quedando nuevamente relegadas las pequeñas explotaciones.

prima, iniciándose una puja donde las grandes hilanderías especulan restringiendo la compra a los efectos de reducir el precio interno del algodón. Como resultado de esta puja, el gobierno provincial ha iniciado la compra de algodón a través de la firma Fiduciaria del Norte para sostener su precio (abeceb.com, 6/6/2011).

Complejo azucarero

El complejo azucarero está compuesto por tres eslabones: la producción primaria de caña, la transformación industrial en azúcar y otros productos derivados y, finalmente, la comercialización. Los actores principales son los productores de caña y los ingenios. La ampliación del mercado interno, la mejora en el precio relativo de exportación y el desarrollo del mercado de biocombustibles han mejorado las perspectivas para la industria, a la vez que un creciente proceso de concentración económica y diversificación productiva hacia otras cadenas de valor.

Los resultados de la zafra azucarera 2010 indican que Tucumán produjo el 62,5% del total, Jujuy y Salta el 24,5 y 12,4% respectivamente.[7] En estas dos provincias, los principales ingenios (Ledesma y San Martín del Tabacal) explicaron alrededor de las tres cuartas partes de la producción provincial, mientras que en Tucumán la elaboración de azúcar está más atomizada: el principal ingenio (Concepción) determinó el 20% del total provincial.[8]

La producción primaria está integrada al proceso industrial en las provincias de Salta y Jujuy, es decir los ingenios son mayoritariamente propietarios de los cañaverales, mientras que en Tucumán gran parte de la provisión de la materia prima la realizan un sinnúmero de pequeños productores cañeros. De acuerdo al CNA 2002, en esta provincia existían algo más de 5.000 productores independientes que entregan caña a los ingenios por diversos acuerdos, básicamente agricultura de contrato,[9]

---

7   El remanente de producción se origina en dos ingenios de Santa Fe y uno de Misiones que cultivan principalmente azúcar orgánico.

8   Actualmente están en producción tres ingenios en Jujuy, dos en Salta y quince en Tucumán.

9   En el caso del azúcar, esta modalidad asegura la provisión de materia prima a la industria en calidad y cantidad más o menos constante, trasladando el riego económico a la producción primaria a cambio, generalmente, de asesoramiento tecnológico y financiero. Otra modalidad común es el arriendo de tierras por parte de los ingenios, que se hacen cargo tanto del servicio de cultivo como de cosecha.

reflejando una drástica reducción respecto de los casi 10.000 productores registrados en el CNA de 1988.

Esto se explica principalmente por los cambios tecnológicos: generalización del uso de tractores y cosechadoras integrales en las distintas etapas del proceso tanto en los grandes productores e independientes como en los agrupados en Cooperativas, y en el caso de pequeños productores a partir de contratistas.

En Tucumán, mientras en 1988 el 82% de la cosecha se realizaba en forma manual y sólo el 0,1% por medio de cosechadora integral, en 1996 la manual se redujo al 43% y la integral aumentó al 20,5%. Los avances en la mecanización, especialmente desde los noventa, condujeron a una disminución sostenida en la cantidad de trabajadores. En 1966 el volumen de trabajadores del surco ocupado por los ingenios ascendía a 13.000 (3.300 permanentes y 9.700 transitorios), en tanto los ocupados por los cañeros independientes sumaban 8.000 permanentes y 42.000 transitorios; actualmente los zafreros transitorios alcanzarían a lo sumo a la tercera parte. Cosechar manualmente requería alrededor de 30 jornales por hectárea, cuando se utilizaba el cortar y/o cargar mecánicamente la tarea disminuía a 10 y 15 jornales por hectárea, y la cosechadora integral permitía cosechar en 0,6 jornales (Giarracca, Bidaseca y Mariotti, 2001). Las nuevas tecnologías de cosecha demandan poca mano de obra mientras que aumenta la de trabajadores calificaciones, especialmente operarios de maquinaria y mecánicos. En este contexto, es muy marcada la disminución de migraciones hacia Tucumán en período de zafra y se ha acentuado el traslado de trabajadores golondrina de esta provincia hacia el valle de Río Negro y Jujuy ante la insuficiente demanda de la producción de limón en Tucumán.

Al igual que en otros complejos productivos, la figura emergente del nuevo esquema tecno-productivo es el "contratista": emplea jornaleros, presta servicios con su maquinaria y realiza la cosecha; pueden ser independientes o medianos productores amortizando el capital invertido. De este modo, la relación entre el trabajador y el ingenio está terciada por el "contratista" que ocupa jornaleros en forma transitoria.

No solo los trabajadores cañeros acaparan un porcentaje menor de la renta azucarera, los productores independientes han perdido autonomía en manos de los contratistas, por un lado, y en la concentración de la compra de caña por parte de los ingenios, por la otra. La comercialización de la zafra de los pequeños productores se realiza a través de cooperativas que les facilitan la obtención de insumos y servicios, mientras que los de mayor tamaño la realizan a través de la "maquila" en los ingenios recibiendo un porcentaje del azúcar producido, aproximadamente el 58% por tonelada molida (Ríos, Wallberg, Alvarado y Jiménez, 2010).

La problemática de los pequeños productores, básicamente de Tucumán, deviene de su bajo nivel tecnológico y su importancia relativa, determinando casi el 40% de la producción provincial en parcelas de apenas quince hectáreas en promedio con un rendimiento muy inferior al del resto de los productores del complejo (Cuadro 4). Son los más numerosos y menos mecanizados cuyo rendimiento pone en peligro sus posibilidades de reproducción, como lo manifiesta la reducción intercensal señalada anteriormente. Por su parte, en Salta y Jujuy, sin productores minifundistas, los rendimientos promedio son mayores a los de Tucumán por tipo de perfil productivo, donde los grandes ingenios con alto perfil tecnológico prácticamente doblan el rendimiento de los pequeños productores tucumanos.

Cuadro 4. Estructura productiva por grupo económico.

	Tucumán			Salta y Jujuy	
Perfil tecnológico	Bajo	Medio	Alto	Medio	Alto
Superficie ocupada (%)	44,2%	42,1%	13,7%	40,0%	60,0%
Producción obtenida (%)	39,6%	42,9%	17,5%	35,0%	65,0%
Rendimiento promedio (ton/ha)	45	60	75	70	85

Fuente: elaboración propia en base a Ríos, Wallberg, Alvarado y Jiménez, 2010.

En suma, la tecnología, la escala y el sistema organizacional de la producción primaria disminuyen no solo el número de ocupados en la actividad sino también el poder de negociación de los pequeños productores, teniendo en cuenta su rendimiento, poniendo en peligro su supervivencia. Los trabajadores directos pierden relevancia y se incrementa la de personal más calificado, mayoritariamente independiente, como reparadores de máquinas y operarios de las mismas. Por su parte, el reparto de la renta azucarera se concentra crecientemente en los grupos económicos dominantes de la producción provincial.

De este modo, el sistema productivo tucumano se fracciona, asemejándose progresivamente al de Jujuy y Salta en los estratos medios y altos, donde los grandes ingenios altamente tecnificados reducen la carga laboral por hectárea, al mecanizar la producción, y optimizan la ecuación económica y financiera a través de mayores rendimientos.

En este sentido, el ingreso de nuevos actores externos a la actividad sectorial en los últimos años, primero por el cambio de política económica especialmente cambiaria y luego por la promoción de los biocombustibles, han generado un proceso de concentración económica y diversificación productiva y de mercados que brindan mejores perspectivas para los ingenios en los próximos años.

En efecto, los cambios societarios de los ingenios, básicamente en Tucumán, han concentrado la producción de azúcar en pocas manos: el 77% de la zafra de 2010, inferior a años anteriores por problemas climáticos, corresponde a siete grupos económicos que, además, diversifican su oferta con otros productos dirigidos a otras cadenas de valor. La conformación empresaria actual de la actividad industrial del complejo es la siguiente (Cuadro 5):

1) LEDESMA. Primer productor nacional de azúcar en 2010 y de 49 millones de litros de alcohol[10] y una capacidad instalada para 100 millones a través de la firma Bio Ledesma inaugurada en octubre de 2010. Además Ledesma diversifica intereses en un gran número de actividades.

2) ATANOR. Controla el ingenio Concepción y sus empresas vinculadas desde 2005. Es el ingenio más importante de Tucumán y tiene capacidad para producir 350.000 toneladas de azúcar, además de generar 23 millones de litros de alcohol etílico por año. Incorporó el ingenio Marapa en 2001, que produce más de 60.000 toneladas anuales de azúcar y de 10 millones de litros de alcohol etílico al año. Esto permite a Atanor autoabastecerse de alcohol, uno de los principales insumos para la producción de agroquímicos.

En 2003 compró el complejo agroindustrial Leales que produce más de 50.000 toneladas de azúcar por zafra. En 2010 entregó el ingenio en *leasing* a una empresa *off shore* con sede en Uruguay, pero con el traspaso de las 2.200 hectáreas del ingenio al cañero más fuerte de la provincia[11] con el compromiso de vender la caña al ingenio Concepción. Esta fábrica tiene la mejor refinería de la provincia y es proveedora de Coca-Cola. La transacción incluyó el complejo agroindustrial integrado por un ingenio, una planta refinadora de última generación, una unidad elaboradora de

---

10   Es decir el 24% del cupo 2011 otorgado por la Res. 698/09 de la Secretaría de Energía.

11   Juan José Budeguer, actual presidente del directorio de la Estación Experimental Agroindustrial Obispo Colombres.

alcohol etílico y una planta productora de papel (*Contexto*. 29 de abril de 2010).

En conjunto el grupo alcanzó la línea de producción de azúcar de Ledesma en 2010. Sus inversiones están concentradas en los ingenios Concepción y Marapa manteniendo una posición dominante en el mercado de azúcar y fortaleciendo su ecuación de costos en sus otros mercados a partir del autoabastecimiento de alcohol para bioetanol.

3) SEABOARD CORPORATION. Desde 1996 controla el Ingenio San Martín del Tabacal en Salta, tercero a nivel nacional en producción de azúcar 2010 y con el 20% del cupo 2011 asignado para producir bioetanol. Es el principal aportante al Programa Nacional de Biocombustibles desde su inicio (diciembre de 2009 por Res. 698/09) entregando el 37% del total de alcohol para bioetanol por medio de su empresa Alconoa con capacidad productiva inicial de 51 millones de litros anuales.

4) JULIO COLOMBRES es responsable de los ingenios tucumanos Santa Bárbara, Nuñorco (desde 1996) y Aguilares, este último desde 2009 arrendado por cinco años al grupo Rocchia Ferro. Generó el 9% del azúcar nacional en 2010 y 22 millones de litros anuales de alcohol para bioetanol (11% del cupo nacional).

5) JOSE MINETTI & CÍA. Controla los ingenios La Fronterita y Bella Vista de Tucumán, participó con el 9% del azúcar en 2010. Entre ambos ingenios fabrica alrededor de 36 millones de litros de alcohol destinados a la fabricación de productos de perfumería y cosmética, usos medicinales y de bebidas alcohólicas entre otros. No participa del cupo de producción de bioetanol.

6) JORGE ROCCHIA FERRO. Controla los ingenios La Florida y Cruz Alta. Fue responsable del 8% de la producción de azúcar en 2010 y tiene el 19% del cupo de bioetanol en 2011 con 39 millones de litros anuales de alcohol y capacidad para 60 millones.

7) ARCOR. Primer exportador mundial de golosinas, compró en 1994 el segundo ingenio de Tucumán, La Providencia, en la marco de su estrategia de integración vertical. Modernizó y reconvirtió el ingenio concentrándose en azúcar blanco que utiliza como insumo. Multiplicó por cuatro su producción en diez años, convirtiéndose en el sexto establecimiento industrial azucarero del país, habiendo producido en 2010 el 6% del total. Además elabora alcohol para autoconsumo en el orden de los 76 millones de litros anuales.

Cuadro 5. Estructura productiva por grupo económico.

Grupo	Ingenios	Azúcar		Bioetanol. Millones de litros	
		Toneladas	Part.	Naftas. Cupo 2011	Auto-consumo
Ledesma	Ledesma	332.831	18%	49,0	
Atanor	Concepción Leales Marapa	332.210	18%		33
Seaboard corp.	San Martín del Tabacal	187.003	10%	39,5	
Colombres	Aguilares Ñuñorco Santa Bárbara	167.467	9%	22,2	
Minetti	Bella Vista La Fronterita	165.574	9%		36
Rocchia Ferro	Cruz Alta La Florida	156.930	8%	39,0	
ARCOR	La Providencia	106.585	6%		76
Resto de ingenios		435.306	23%	52,6	
Total		**1.883.907**	**100%**	**202,3**	**145**

Fuente: elaboración propia en base a Centro Azucarero Argentina, Res. 1673/2010 de la Secretaría de Energía e información de las empresas.

La promoción a la fabricación de bioetanol a partir de la caña de azúcar desde 2009 está generando movimientos en los grandes grupos participantes en la producción azucarera nacional. Los primeros pasos apuntan a un avance de Colombres y desprendimientos por parte de Rocchia Ferro y ATANOR, aunque es un proceso que recién se inicia. Lo concreto es que los grupos están replanteando sus estrategias en el nuevo escenario.[12]

El esquema de regulación de la oferta de azúcar para evitar fuertes caídas de precios encontró un principio de alivio en el aumento del consumo interno de los últimos años y la posibilidad de colocar parte del

---

12 Desde 2009, el grupo Colombres administra el ingenio Aguilares, perteneciente a Rocchia Ferro, y estaría en tratativas para comprar Marapa de ATANOR, grupo que se desprendió del manejo (no de la caña) de Leales en 2010 y podría incluso vender Concepción desestimando trabajar dentro del complejo azucarero. Por su parte, Rocchia Ferro estaría en tratativas con Ledesma para vender el 70% del paquete accionario de La Florida.

excedente en el exterior para evitar la acumulación de stocks, como ocurrió en los años 2005, 2006 y 2009 con exportaciones por encima de las 500 mil toneladas (Gráfico 3). Las estimaciones de la zafra 2011 indican un incremento de la producción del orden del 20% producto del aumento de la superficie cultivada y las mejores condiciones climáticas que, con un mayor consumo interno que alcance el pico anterior, generarán un excedente exportable de alrededor de 250 mil toneladas teniendo en cuenta la suba en la producción de alcohol para bioetanol.

Gráfico 3. Producción, exportaciones, importaciones y consumo aparente de azúcar. Toneladas.

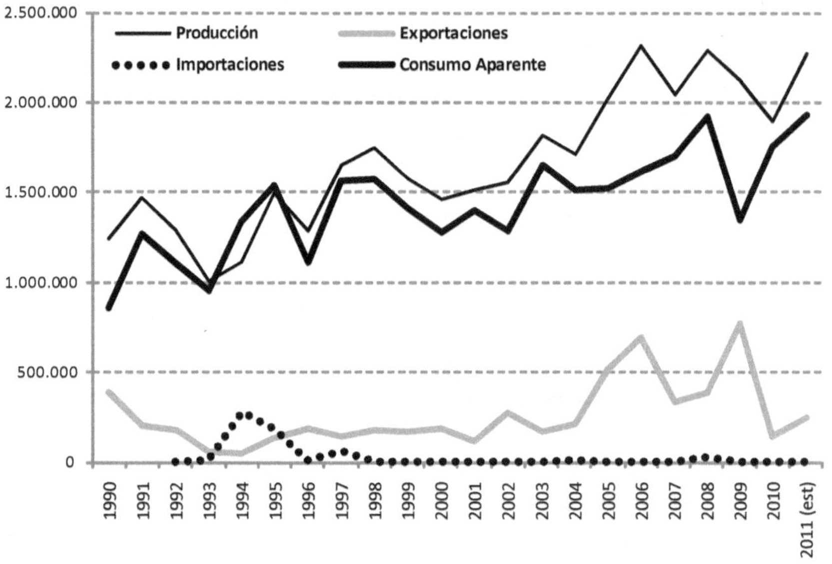

Fuente: elaboración propia en base a Centro Azucarero Argentino.

Sin embargo, el cambio más sustancial para el complejo azucarero es la promoción para los biocombustibles, esquema que induce a nuevas inversiones y un aumento de la superficie cultivada. La apertura del mercado de bioetanol surge a partir de las leyes 26.093 y 26.334. La primera estableció en 5% de bioetanol a incorporar a las naftas a partir de 2010 sin afectar el tratamiento arancelario de la Ley N° 24.822.[13]

---

13 Mantiene vigente el 20% de derechos de importación para los miembros del MER-COSUR a instancias de la asimetría provocada por el sistema sucroalcoholero de

Por su parte, la Ley 26.334 es particular para la producción de bioetanol a través de caña de azúcar. Los principales beneficios son:

- Devolución anticipada del IVA y amortización acelerada del Impuesto a las Ganancias a la adquisición de bienes de capital o la realización de obras de infraestructura correspondientes al proyecto respectivo.
- Los bienes afectados a los proyectos aprobados no integrarán la base de imposición del Impuesto a la Ganancia Mínima Presunta.
- El bioetanol no estará alcanzado por la tasa de Infraestructura Hídrica, por el Impuesto sobre los Combustibles Líquidos y el Gas Natural, ni por los tributos que en el futuro puedan sustituir o complementar a los mismos.

El impacto sobre el complejo fue inmediato en términos de inversiones y expansión de los cañaverales. En Tucumán el grupo Rocchia Ferro instaló una nueva planta en su ingenio La Florida que permite producir 500 mil litros diarios de alcohol en 2010 y la firma de convenios para exportar alcohol anhidro a Chile y a la Comunidad Europea (Diario *La Gaceta*, 1/09/08). Otras empresas siguen el mismo camino: el ingenio Tabacal de Salta puso en marcha una nueva destilería para producir 300 mil litros diarios de alcohol (Diario *La Gaceta*, 24/08/08).

Estas perspectivas para el sector industrial han puesto sobre el tapete el conflicto distributivo al interior del complejo. Por un lado, la disminución de la zafra 2010 redundó en menores ingresos para los cañeros, mientras que las estimaciones para el 2011, en conjunto con las perspectivas del mercado de bioetanol, han generando disputas por el pago a los cañeros por tonelada entregada, donde los bajos precios de los años anteriores redujeron las inversiones de los pequeños productores en nuevas cepas y renovación de cultivo. En el mismo sentido se dirigen los reclamos por aumentos salariales, formalización de los trabajadores transitorios en muchos ingenios de Tucumán y la participación en las ganancias por la producción de bioetanol.[14]

La política azucarera básicamente favorece el libre desarrollo del capital concentrado, atendiendo los reclamos de los más débiles cuando la

---

Brasil: exigencia de utilizar alcohol carburante en los automotores en mezcla con naftas convencionales.

14   Los ingenios La Florida y Cruz Alta (Rocchia Ferro), Leales (ex ATANOR), Marapa (ATANOR), La Providencia (ARCOR) y Aguilares (Colombres, ex Rocchia Ferro) no tienen trabajadores permanentes.

situación amenazaba con propagarse a los demás actores.[15] Más allá de intervenciones puntuales del gobierno para mejorar los ingresos de los pequeños productores, está ausente una política integral de sostén de ingresos, mejora del rendimiento y fomento del asociativismo de los cañeros, como lo era el Contrato de Maquila Agropecuaria vigente entre 1985 y 1991 que le permitía al agricultor conservar la propiedad de la materia prima hasta la elaboración del producto final. El fomento de los biocombustibles, sin el diseño de políticas tendientes a fortalecer al sector más débil de la cadena, redundará en una mayor concentración y disminución de los pequeños productores con los impactos sabidos sobre la pobreza y los mercados de trabajo urbanos.[16]

Complejo foresto-industrial

El complejo presenta un desarrollo marcadamente dispar entre el segmento forestal con ventajas naturales y promoción impositiva y el industrial con baja competitividad y sin incentivo. Así, la propia concepción del sistema para la región deriva naturalmente en un exitoso sector concentrado en pocas grandes empresas forestales, muchas de ellas transnacionales, intensivas en capital orientadas al mercado externo en productos de la primera y segunda transformación y otro atrasado básicamente de PyMEs de capital nacional con bajos niveles tecnológicos e intensivas en mano de obra que destinan la producción de bienes intermedios y finales al mercado interno.

La base del complejo foresto industrial es el bosque, ya sea nativo o implantado, que suman, según datos de Secretaría de Ambiente y Desarrollo Sustentable y de la Dirección de Producción Forestal del Ministerio de Agricultura, Ganadería y Pesca (MAGyP), 31 millones de hectáreas de las cuales aproximadamente 1,2 millones corresponden a hectáreas forestadas de monte implantado que, a su vez, determinan el 85% de la madera consumida en la Argentina.

La actividad silvícola del noreste es la más importante del país en materia de cultivos forestales contando las provincias de Misiones y Corrientes en 2009 con el 64% de las hectáreas implantadas del país: la primera

---

15 Durante la zafra 2008 el gobierno de Tucumán consiguió un crédito del Banco Nación para establecer un precio base y evitar el quiebre de los cañeros.

16 Ver capítulo en este mismo volumen que analiza el mercado de trabajo en las provincias del norte argentino.

con algo más de 400 mil hectáreas y la segunda con 360 mil y el mayor crecimiento en los últimos años. Las principales plantaciones se ubican en el noroeste de Misiones y el noreste de Corrientes. Las especies predominantes son pino y eucalipto que crecieron de la mano de la promoción forestal con el litoral argentino como región predominante por su ventaja relativa en materia de productividad forestal.[17]

La cadena de valor continúa con el proceso de extracción cuyo resultado tiene que ver con la maduración de los cultivos implantados. El Cuadro 6 muestra la extracción de productos forestales en bosque nativo e implantado destacando la participación y especialización de Misiones y Corrientes. El bosque nativo es aproximadamente el 25% de la extracción total destinado especialmente a leña (provincia de Chaco) y rollizos (Chaco y Formosa). Misiones y Corrientes se especializan en rollizos explicando el 52 y 12% del total nacional respectivamente, mientras Entre Ríos detenta el segundo lugar con el 15%. Cabe señalar que este mapa está evolucionando a partir de la forestación en Corrientes que en pocos años tendrá grandes extensiones de bosques en edad de corte. En Misiones el 94% se explica por el pino mientras que en Corrientes la relación es 60-40 a favor del eucalipto.

Cuadro 6. Extracción de productos forestales. Toneladas. 2008.

	Total país		Misiones		Corrientes	
	Bosque nativo	Bosque implantado	Bosque nativo	Bosque implantado	Bosque nativo	Bosque implantado
Rollizos	891.402	7.169.392	142.771	3.804.998	811	862.716
Carbón	361.299	5.000	0	0	0	0
Leña	1.210.025	68.516	0	0	649	0
Postes	65.539	37.328	0	0	106	6.989
Otros productos	76.021	66.634	0	0	0	1.688
Total	2.604.286	7.346.870	142.771	3.804.998	1.566	871.393

Fuente: elaboración propia en base a Secretaría de Ambiente y Desarrollo Sustentable y de la Dirección de Producción Forestal del MAGyP.

---

17 Una gran ventaja competitiva reside en la mayor productividad de las especies pino y eucaliptus con respecto a países con una gran tradición forestal como ser Chile, EEUU, Suecia, Canadá. En pino la productividad en suelos considerados "buenos" es 33 m3/Ha, mientras que en eucaliptus para suelos de iguales características la productividad es de 43 m3/Ha, en ambos casos guarismos muy superiores a los del resto de países de referencia (IERAL, 2011).

La fase industrial del complejo se inicia a partir de los rollizos que se destinan a la transformación de la madera sólida (básicamente aserrado y láminas) y a la industria del triturado a partir de astillas, chips y residuos.

El nivel de transformación secundario de la madera sólida comprende, en el aserrado, los cepillados, precortados, molduras, etc., mientras que las láminas se convierten en tableros faqueados y compensados (Cuadro 7). Estos productos se destinan principalmente a la construcción, la industria del mueble y a las remanufacturas en general.[18] Por su parte, la madera triturada deriva principalmente en pasta celulósica, en menor proporción en tableros reconstituidos y marginalmente en generación de energía eléctrica.

El tercer nivel de transformación de este segmento abarca los papeles, tableros y una gran variedad de productos también aplicados en la construcción y la industria del mueble (Cuadro 7).

Cuadro 7. Transformación industrial de productos forestales.

Niveles de transformación		
Primario	Secundario	Terciario
Astilla	• Tableros reconstituidos	• Tableros enchapados o revestidos
	• Aglomerado	• Muebles
	• Chapadur	• Molduras
	• MDF	• Puertas
	• OSB	• Otros
	Celulosa	Papeles- químicos
	Bio Energía - pellets	
Aserrado	• Cepillados	• Aberturas
	• Precortados	• Pisos
	• Torneados	• Muebles
	• Molduras	• Remanufacturas en general
	• Otros	
Lámina	• Compensado	• Compensado enchapado o revestido
		• Puertas
		• Divisorias
		• Pisos
		• Muebles
		• Otros

Fuente: FISPE (2007).

---

18 El proceso de faqueado deriva en láminas de mínimos espesores mientras que el compensado se obtiene a través de la unión de dos o más láminas entre sí. Las remanufacturas son listones, *finger joint,* maderas empalmadas longitudinalmente, machimbre, tableros alistonados, etc., utilizados en mueblería y la construcción (Maslatón, 2005).

   ¿Crecimiento o desarrollo? El ciclo reciente en el norte argentino

Los tableros reconstituidos pueden ser de fibras o de partículas. Los primeros se dividen en alta densidad (*hard board*) y media densidad (*medium density fiberboard*, MDF). Los tableros de alta densidad son fabricados por una sola empresa ubicada en la provincia de Buenos Aires y los de media densidad por cuatro firmas, una en Misiones (Alto Paraná). Los tableros de partículas son fabricados por cinco empresas en el país, ninguna localizada en el NEA.

La industria celulósica y la de tableros se asemejan en muchos aspectos, no sólo por la materia prima empleada (madera triturada y desperdicios de aserraderos), sino por ser ambas actividades muy capital intensivas, que se llevan a cabo en grandes unidades productivas y que exigen un nivel relativamente alto de capacitación tecnológica (Bercovich, 2000).

Finalmente, la generación de energía completa el aprovechamiento integral de la madera, usando para energía los aserrines, astillas, cortezas, etc. Actualmente es habitual que las empresas quemen estos residuos, siendo muy pocas las que los aprovechan para generar energía, obteniendo ingresos de los mismos (IERAL, 2011).

Las grandes empresas se ubican cerca de las plantaciones por la alta incidencia de los fletes en los costos. La producción industrial forestal en Misiones es más significativa y diversificada que en Corrientes, aunque con grandes diferencias de escala, tecnología y productividad según el tamaño de las empresas. De acuerdo al CNE 2004/2005, el valor de la producción de los aserraderos misioneros es cuatro veces la de los correntinos, mientras que en laminados y tableros es cinco veces superior; asimismo la industria de celulosa y papel está localizada únicamente en Misiones.[19]

Por su parte, la industria correntina de la madera se caracteriza por la heterogeneidad de sus establecimientos en cuanto a tamaño, productos e incorporación de tecnología; se localiza principalmente en el nordeste de la provincia y la mayor parte de la actividad está concentrada en pocas empresas. La actividad principal es el aserrado con mayor número relativo de establecimiento de mediano tamaño en relación a Misiones.[20]

El Cuadro 8 muestra algunos datos relevantes del CNE 2004/2005. En ambas provincias los aserraderos explican la mayor cantidad de locales y ocupados, mientras Misiones representa el 32, 44 y 48% de los locales,

---

19 Una descripción del sector forestal de Misiones se encuentra en Izurieta (2005). Díaz, Díaz y Guarrochena (2009) desarrollan un diagnóstico sobre la competitividad del sector forestal industrial de Misiones.

20 Un análisis sobre el sector foresto industrial de Corrientes puede verse en González y Almirón (2005), mientras que un estudio particular sobre las regiones centro y noroeste de la provincia se encuentra en Ruizdiaz y Zimmermann (2008).

ocupados y valor de producción en este sector a nivel nacional. Los locales de más de 50 empleados de la industria maderera en ambas provincias son el 5% del total y determinan las dos terceras partes del valor de la producción. Es decir, la mayor parte de las empresas son muy pequeñas con escaso nivel de producción, marcando una diferencia sustancial en cuanto a posibilidades de reproducción respecto de las grandes por cuestiones tecnológicas, financieras, escala, calidad de producto y disponibilidad de materia prima en precio y cantidad. En celulosa y papel la concentración es aun más considerable. En ambas provincias, a medida que se avanza en valor agregado la relevancia es menor. En definitiva, un complejo de estructura heterogénea con grandes empresas, muchas de ellas transnacionales, con gran poder financiero frente a un gran número de pequeñas empresas con escaso capital y tecnología subordinadas al grupo dominante.

Cuadro 8. Estructura del complejo industrial por provincia.

	Misiones			Corrientes		
	Locales	Ocupados	Valor de producción	Locales	Ocupados	Valor de producción
Aserrado y cepillado de madera	58%	62%	31%	40%	67%	69%
Fabricación de productos de madera	23%	23%	16%	26%	27%	29%
Fabricación de papel y de productos de papel	1%	11%	52%	0%	0%	0%
Fabricación de muebles y colchones	18%	4%	1%	34%	6%	2%
Total	100%	100%	100%	100%	100%	100%

Fuente: elaboración propia en base a datos del CNE 2004/2005. INDEC.

Puede concluirse que en Argentina se fabrican la mayoría de los productos forestales de consumo masivo; sin embargo, por una cuestión de tamaño de mercado y peso relativo de las importaciones, todavía no existen industrias de tableros OSB, LVL ni los paneles cementomadera y compuestos maderaplástico, aunque la tecnología es factible de aplicar (Maslatón, 2005).

Mientras el complejo forestal argentino está lejos de fabricar bienes finales en forma significativa, en el NEA se ha consolidado una estructura básicamente extractiva que aprovecha la disponibilidad de cultivos forestales, por lo tanto su impacto sobre el entorno económico y social es de poca monta con escaso margen para su modificación dada precisamente la especialización territorial del complejo.

En cuanto al destino de la producción, la propia estructuración del complejo en términos de tamaño de empresas, escala, inversiones y valor agregado resultan en que se exporten principalmente los bienes de la primera y segunda transformación (pasta de papel, madera aserrada, tableros, molduras, etc.) y se destinen al mercado interno productos intermedios destinados a otros bloques de la economía (cajones para frutas y legumbres, madera aserrada y carpintería para la construcción) y bienes de consumo final (muebles y sus partes, papeles, etc.).

En suma, el subsector de la madera aserrada constituye el más significativo del heterogéneo complejo conformado por pocos grandes y medianos aserraderos que operan con altos niveles tecnológicos y productos de calidad, orientados a la exportación, con inserción en productos remanufacturados y, por otro lado, un gran número de PyMEs de menor tamaño, con bajo acceso a la tecnología, sin escala individual para exportar, que atienden un mercado interno.

Las principales empresas del complejo forestal en Misiones son:

- Alto Paraná: adquirida por el grupo chileno Arauco en 1996, una de las mayores empresas forestales de América Latina. Es propietaria de 256.000 hectáreas de plantaciones y dos viveros forestales; en Puerto Esperanza cuenta con un aserradero y la mayor fábrica de celulosa del país, mientras que en Puerto Piray cuenta con otro aserradero y la planta de tableros MDF más grande de Argentina. Asimismo, es propietaria de la más moderna planta de aglomerados (Faplac) y una importante fábrica de remanufacturas.
- Papel Misionero: produce celulosa y papel, pertenece al Grupo Zucamor y es el principal proveedor de papel kraft. La planta está localizada en Puerto Mineral.

Otros aserraderos de mediano porte, algunos de los cuales están integrados verticalmente son: Lipsia centro procesador de maderas, Toll Maderas, Forestal Guaraní especialista en la exportación de kits de casas terminadas, Don Guillermo SRL, Laharrague-Chodorge y Mazter. Estas empresas venden tanto en el mercado interno como en el exterior.

Por su parte, cabe destacar en Corrientes a:

- Forestal Tapebicuá: produce en forma integrada, especialmente eucalipto y cuenta con un vivero propio, dos aserraderos, una planta de remanufactura y otra de paneles compensados (desde 1997, con tecnología finlandesa), ubicada en la localidad de Gobernador Virasoro, además del Centro Industrial San Charbel.
- Forestal Las Marías: Aserradero y planta de remanufactura en Gobernador Virasoro.
- Bosques del Plata (CMPC) es el mayor forestador, seguido por Forestal Argentina (Masisa), EVASA, Danzer y los aserraderos integrados Pomera y Zeni.

Cuadro 9. Principales empresas del complejo por provincia.

Provincia	Empresa	Actividades y productos
Misiones	Alto Paraná	Vivero, aserrado, celulosa, aglomerados, remanufacturas
	Papel Misionero	celulosa, papel
	Lipsia	Remanufacturas, bio energía
	Toll Maderas	Remanufacturas
	Forestal Guaraní	Kits de casas terminadas
	Don Guillermo SRL.	Aserrado, casas
	Laharrague-Chodorge	Aserrado, tableros, remanufacturas
	Mazter	Aserrado
Corrientes	Forestal Tapebicuá	Aserrado, paneles compensados, remanufacturas
	Forestal Las Marías	Aserrado, remanufacturas
	Bosques del Plata	Aserrado
	Forestal Argentina	Aserrado, molduras, tableros
	EVASA	Aserrado
	Danzer	Vivero, aserrado
	Pomera	Aserrado
	Zeni	Aserrado, remanufacturas

Fuente: elaboración propia con datos de la Asociación Forestal Argentina.

En general, las grandes firmas están integradas verticalmente con la forestación asegurando la provisión de materia prima. Esta integración les posibilita además de tener economías de escala, detentar un alto grado de competitividad; en cambio las PyMEs no están integradas hacia atrás y en general producen bienes de bajo valor.

Con la Ley 25.080 (1998) de Promoción Forestal, prorrogada hasta 2018 por la Ley 26.432, la actividad primaria se torna más rentable y comienza un período de expansión, particularmente en la provincia de Corrientes. De acuerdo a información del MAGyP para todo el período promocional hasta diciembre de 2011, el 23% de los forestadores son grandes abarcando más del 80% de la superficie plantada y recibiendo un porcentaje similar de los montos aprobados (Cuadro 10). La apropiación de la renta del complejo forestal tiende a una mayor concentración en la medida en que las nuevas forestaciones se aglutinan en pocas manos con amplios recursos financieros que además se orientan a productos de escaso valor agregado. Es decir, la concentración se asocia con la primarización y el consecuente impacto sobre el empleo y la precariedad laboral. La política de incentivos profundiza la especialización natural del complejo y no favorece el desarrollo de la cadena de valor.

Cuadro 10. Leyes 25.080 y 26.432. Promoción por rango de productores.

	Agrupados	Grandes	Pequeños
Forestadores	39%	23%	38%
Monto aprobado	10%	79%	11%
Superficie plantada	6%	83%	11%

Nota: Agrupados: presentaciones de pequeños forestadores en forma agrupada. Grandes: más de 10 ha. de forestación y más de 50 ha. de tareas. Pequeños: hasta 10 ha. de forestación y hasta 50 ha. de tareas. Datos al 1/12/11.
Fuente: Dirección de Producción Forestal, SAGyP.

De acuerdo con Maslatón (2005), el complejo foresto industrial de Misiones y Corrientes está conformado por tres tipos de empresas:

* grandes empresas con gran capacidad de producción orientadas al mercado externo que profundizaron su inserción internacional en los últimos años y lideran la producción de tablas y tirantería, más alguna capacidad en remanufacturas. Son además las que reciben mayormente los incentivos promocionales;
* empresas medianas orientadas tanto al mercado interno como externo en maderas remanufacturadas, algunas de las cuales están integradas verticalmente con la forestación;
* gran cantidad de pequeños aserraderos que se ocupan del mercado interno con baja escala, productividad, capacidad de secado e inte-

gración a la forestación, lo cual repercute en constantes problemas de abastecimiento de rollizos a precios competitivos especialmente en los ciclos de baja oferta.

En cuanto a los aspectos laborales, un estudio de la Superintendencia de Riesgos de Trabajo para la Mesopotamia indica que los aserraderos categorizados como "tecnificados" presentan, en general, una mayor cantidad de trabajadores y mejores condiciones de seguridad. Por el contrario, los aserraderos "menos tecnificados" suelen poseer maquinarias obsoletas, sin mantenimiento preventivo y carecen de las pautas mínimas de higiene y seguridad requeridas con altos niveles de informalidad. Asimismo, el estudio señala que

"A pesar que la actividad de aserradero se encuentra en una fase expansiva desde el año 2003, esto no se traduce, necesariamente, en una mayor inversión de capital en la industria, como así tampoco se visualiza un correlato directo con el aumento de los niveles de trabajo registrado. Así, se observa la aparición de todo un conjunto de pequeños aserraderos que, aprovechando las ventajas comparativas de la región, el savoir faire de los trabajadores locales y la escasa inversión tecnológica y de infraestructura requerida para montar un aserradero básico, se suman a la actividad de manera informal. En el mismo sentido, se constata la emergencia de ficticias cooperativas donde se oculta la relación laboral de dependencia de los trabajadores, desligándose el empleador de su responsabilidad respecto del Sistema de Seguridad Social" (Alberto, Iñiguez y Marensi, 2006: 84).

En resumen, la conformación del complejo foresto industrial en Corrientes y Misiones está determinado por la naturaleza misma de la promoción industrial que determina un tipo de especialización orientado a la exportación de productos básicos e intermedios, sin la expansión y desarrollo de los bienes finales. El complejo genera valor agregado hasta la etapa donde los beneficios llegan. Es decir, la promoción profundiza la ventaja natural favoreciendo únicamente la actividad primaria que además está absorbida básicamente por grandes productores transnacionales aumentando la concentración y heterogeneidad del complejo. Así, la propiedad de la materia prima (bosques), por costos de producción (flete), se convierte en una ventaja competitiva decisiva ya que la integración vertical reduce costos y permite escalas de producción rentables. Esto no quita que la aparición y expansión de muchos pequeños establecimientos brinden empleo y mejoren las condiciones de vida en los puntos donde la localización productiva prevalece. Sin embargo, la desigual distribución de la renta al interior del complejo forma parte de la estructura del mismo, fortaleciendo la concentración en la actividad primaria y las condiciones precarias para el crecimiento en los eslabones finales de la cadena de valor que, por cierto, son los más intensivos en mano de obra.

Consideraciones finales

La caracterización de estos complejos productivos del norte argentino muestra cadenas de valor con distinta intensidad de desarrollo directamente vinculado al segmento dominante en cada una. Así, mientras el azucarero es traccionado por el eslabón final, el algodonero y forestal es controlado por etapas intermedias y de menor complejidad en términos de valor agregado. La dinámica de las grandes empresas establece el grado de desarrollo de la cadena de valor a nivel regional.

En todos los casos, el cambio de paradigma de los años noventa impulsó la tecnificación y el incremento de la escala mínima rentable, generando asimismo una mayor dependencia del financiamiento privado para el desarrollo sectorial. En la misma dirección la integración vertical y la reducción de los costos de transporte se constituyeron en factores determinantes de la competitividad empresaria. Estos cambios lejos de ser neutros en materia de impacto sobre el empleo e integración social del territorio indujeron a la profundización de las diferencias entre los sectores sociales locales vinculados a las pequeñas producciones y los grandes establecimientos mayormente relacionados a grupos económicos, nacionales y trasnacionales, que operan a escala global. La resultante del proceso de modernización fue la desaparición de las explotaciones más pequeñas, la fuerte reducción en el empleo productivo local y la concentración de tierras y producción en pocas manos, mayormente de agentes económicos externos a la región.

El proceso de concentración iniciado con la convertibilidad no se ha modificado en los últimos años, recientemente las mejores perspectivas en azúcar por la incorporación de los biocombustibles como destino de la producción y la suba en el precio internacional del algodón han derivado en la profundización de la concentración hacia los actores dominantes en cada cadena de valor y a una escasa distribución de la renta al interior de las mismas. Las políticas públicas, por acción u omisión, contribuyeron a este proceso: la desaparición del crédito público y la privatización de bancos provinciales, la promoción industrial y forestal y la articulación de los mercados de trabajo regionales a través de contratistas son algunos ejemplos de cómo las regulaciones o su ausencia han condicionado el tipo de desarrollo de los complejos impactando sobre la capacidad de reproducción de los pequeños productores con importantes derivaciones sobre los mercados de trabajo urbanos.

Bibliografía:

Alberto, M.; Iñiguez, M. y Marensi, P. (2006) "Prediagnóstico sobre Condiciones y Medio Ambiente del Trabajo en la actividad de aserraderos. Mesopotamia", Departamento de Desarrollo Técnico, Subgerencia de Estudios, Formación y Desarrollo, Superintendencia de Riesgos del Trabajo, Buenos Aires, Noviembre.

Bercovich, N. (2000) "Evolución y situación actual del complejo forestal en Argentina", División de Desarrollo Productivo y Empresarial, CEPAL, Marzo.

Carlino, A. y Torrente, D. (2002) "Los Regímenes de Promoción y sus efectos sobre la industria chaqueña", *Revista Indicadores Económicos*, año 11, nro. 48, Facultad de Ciencias Económicas, Universidad Nacional del Nordeste.

Carlino, A. (2004) "Telares Chaqueños: Una historia de compromiso territorial", *Revista de la Facultad de Ciencias Económicas*, nro. 3, Segundo Semestre, Facultad de Ciencias Económicas, Universidad Nacional del Nordeste.

Díaz, A.; Díaz, D. y Guarrochena, M. (2009) "Competitividad de los factores macroeconómicos del sector foresto industrial de Misiones. Argentina", XIII Congreso Forestal Mundial, Buenos Aires, Octubre.

EEAOC (2010) "Análisis económico del cultivo de caña de azúcar en la campaña 2009/10", *Reporte agroindustrial*. Estadísticas y márgenes de cultivos tucumanos, nro. 47, Noviembre.

Elena, G. (2010) "La demanda de mano de obra en algodón, provincia de Chaco", en Neiman, G. (dir.) *Estudios sobre la demanda de trabajo en el agro argentino*, Ciccus, Buenos Aires.

FISPE (2007) "Identificación de los principales complejos productivos forestales con bosque de cultivo en el Norte Grande", Secretaría de Política Económica, Ministerio de Economía y Producción.

García, I. (2007) "Los cambios en el proceso de producción de algodón en el Chaco en las últimas décadas y sus consecuencias en las condiciones de vida de minifundistas y trabajadores vinculados", *Revista de Estudios Regionales y Mercado de Trabajo*, nro. 3.

Gatto, F. y Quintar, A. (1985) "Principales consecuencias socioeconómicas de la división regional de la actividad agrícola", *Documento de Trabajo* nro. 17, CEPAL, Buenos Aires.

Giarracca, N.; Bidaseca, K. y Mariotti, D. (2001) "Trabajo, migraciones e identidades en tránsito: los zafreros en la actividad cañera tucumana", en Giarracca, N. (comp.) *¿Una nueva ruralidad en América Latina?*, CLACSO, Buenos Aires.

González, W. y Almirón, L. (2005) "El sector foresto-industrial correntino. ¿La industria acompañó el crecimiento del sector primario?", Comunicaciones Científicas y Tecnológicas, Universidad Nacional del Nordeste.

IERAL (2011) "Una Argentina Competitiva, Productiva y Federal. Cadena foresto industrial", *Documento de Trabajo*, año 17, nro. 95, Fundación Mediterránea, mayo.

INDEC (1988 y 2002). *Censo Nacional Agropecuario*.

INDEC (1985, 1993 y 2004). *Censo Nacional Económico*.

INTA (2010) "Azúcar: análisis de la situación internacional, nacional y exportaciones. 2000-2009", *Observatorio estratégico* nro. 10.

Izurieta, C. (2005) "Estrategia forestal de la Provincia de Misiones, instrumento para el diseño de políticas", Teresa Lozano Long Institute of Latin American Studies, University of Texas, Austin.

Maslatón, C. (2005) "Potencial del complejo maderero argentino. Propuestas para el desarrollo de la cadena madera-muebles y su inserción en el mercado mundial", *Documentos de trabajo* nro. 2, INTI, noviembre.

Ministerio de Agricultura, Ganadería y Pesca (2010) *Informe Sectorial Azúcar* nro. 5, diciembre.

Ministerio de Agricultura, Ganadería y Pesca (2011) *Informe Sectorial Azúcar* nro. 6, enero-abril.

Pértile, V. (2004) "Ampliación de la frontera agropecuaria chaqueña: El Oeste Chaqueño y el cultivo algodonero", *Revista Geográfica Digital*, año 1, nro. 1, Instituto de Geografía, Facultad de Humanidades, Universidad Nacional del Nordeste.

Ríos, L.; Wallberg, J.; Alvarado, P. y Jiménez, D. (2010) "La demanda de mano de obra en caña de azúcar, provincias de Tucumán, Salta y Jujuy", en Neiman, G. (dir.) *Estudios sobre la demanda de trabajo en el agro argentino*. Ciccus, Buenos Aires.

Rofman, A. y García, L. (2007) "El desarrollo de las campañas algodoneras entre los años 2001 y 2005. Los encadenamientos productivos y la situación de los agentes económicos en el proceso de estancamiento y/o deterioro de la actividad", en V° Jornadas Interdisciplinarias de Estudios Agrarios y Agroindustriales. Buenos Aires, Facultad de Ciencias Económicas, UBA.

Rofman, A. (2000) *Desarrollo rural y exclusión social. Transformaciones y crisis en la Argentina contemporánea.* Editorial Amorrortu, Buenos Aires.

Rofman, A.; García, A.; García, L.; Lampreabe, F.; Rodríguez, E. y Vázquez Blanco, J. (2008) "Subordinación productiva en las economías regionales de la posconvertibilidad. Crecimiento económico y exclusión social en los circuitos del tabaco, la vid, el azúcar, el algodón y el olivo", *Realidad Económica* nro. 240, noviembre/diciembre.

Ruizdiaz, R. y Zimmermann, J. (2008) "Situación del sector foresto-industrial en la zona centro y suroeste de Corrientes", *Serie Técnica* nro. 26, EEA Bella Vista, Corrientes, INTA.

Valenzuela, C. y Scavo, Á. (2008) "La trama territorial del algodón en el Chaco. Transformaciones recientes desde la perspectiva de los pequeños y medianos productores", CONICET/FONCYT, Universidad Nacional del Nordeste.

Valenzuela, C. (2005) "Transformaciones y conflictos en el agro chaqueño durante los ´90. Articulaciones territoriales de una nueva racionalidad productiva", *Mundo Agrario, Revista de estudios rurales*, vol. 5, nro. 10, primer semestre, Centro de Estudios Histórico Rurales. Universidad Nacional de La Plata.

Capítulo III
Complejos productivos de base primaria en el norte argentino: soja, tabaco y yerba mate

Silvia Gorenstein, Martín Schorr y Esteban Ferreira

En el norte del país casi la totalidad de las actividades están vinculadas al agro, donde lo agrícola ocupa un papel central aunque no tan relevante si se lo compara a nivel nacional. Sin embargo, algunos cultivos son exclusivos de la región y explican casi la totalidad de la producción nacional. Tal es el caso del tabaco tipo Virginia en el NOA y la yerba mate en el NEA, ambos cultivos tradicionales serán caracterizados en este capítulo, como así también la soja como oleaginosa no tradicional en la región pero de acelerado crecimiento y acumulación de tierras en los últimos años tanto por expansión de la frontera como por sustitución de otros cultivos regionales.

En todos los casos se busca extraer aspectos centrales de su funcionamiento como complejos productivos en relación a su impacto sobre el desarrollo local en general y sobre los pequeños productores y la mano de obra ocupada en particular.

Complejo sojero

La aparición y drástica expansión que experimenta el cultivo de soja en el norte del país, abarcando áreas de provincias del NOA y del NEA,[1] obe-

---

1   La superficie ocupada pertenece a dos franjas de la ecorregión chaqueña. Una, al este, que comprende la zona subhúmeda del este de dicha región, en las provincias de Chaco (el llamado Domo del Chaco) y el este de Santiago del Estero. La otra franja se encuentra en la zona sub-húmeda del oeste de la región chaqueña, incluyendo principalmente al este de las provincias de Salta y Tucumán y el este de Santiago del

dece a la convergencia de una serie de variables[2]: disponibilidad de tierras cultivables, el "paquete tecnológico" difundido en el país y su capacidad para diluir "barreras naturales"[3]; el marco institucional y regulaciones que recrean condiciones de "atractividad" para la inversión (políticas de tierras nacional y provinciales, tecnológica, de promoción de biocombustibles, de tratamiento de los bosques, de infraestructuras de transporte, entre otras); incremento de la demanda internacional; las estrategias de las grandes empresas agroprocesadoras en su integración a los mercados globales; y, las modalidades organizacionales que se consolidan en el complejo sojero pampeano desde el decenio de 1990.

Tal como se desprende de numerosos estudios y debates sobre el tema, la soja avanzó en el norte desplazando, primero, cultivos tradicionales y la ganadería extensiva y, más recientemente, sobre bosques nativos de las áreas subtropicales del país a partir del cambio en el régimen de lluvias. En ambas fases se produjeron transformaciones económicas, sociales y territoriales significativas que, en rasgos estilizados, materializan un nuevo circuito económico de integración internacional a través de una organización productiva que extiende y profundiza la cobertura geográfica del modelo agrícola de la pampa húmeda. La Figura 1 ilustra la superficie ocupada en el país por este cultivo, según los guarismos de una de las más recientes campañas agrícolas (Reboratti, 2010).

El nuevo esquema tecno-productivo, orientado a la exportación e intensivo en escala, forzó la expansión de la frontera agrícola en la región gestando un triple proceso de concentración, esencia del modelo: concentración de la tierra; concentración del capital, desdoblamiento entre propietarios (devenidos en rentistas) y contratistas (propietarios de tierra o no), con manifestaciones en la estructura primaria e industrial, e industrialización liderada por grandes empresas extranjeras y locales; y concentración de la organización y gestión del proceso productivo mediante

------

Estero y; marginalmente a pequeñas porciones del este de las provincias de Catamarca y Jujuy.

2   Un análisis de las tendencias constitutivas del proceso expansión de la soja en el país, así como de las dinámicas en los últimos años se puede encontrar, entre otros, en; Gutman (2000); Gutman y Lavarello (2004); Bisang y Gutman (2005); Teubal, (2006); INTA (2009).

3   Integrado por la innovación radical de la semilla transgénica (la soja resistente al gilfosato), innovaciones incrementales como la siembra directa, y las incorporadas en la maquinaria agrícola, la importación de herbicidas a bajo precio e inversiones complementarias en nuevas plantas de fertilizantes (Gutman y Lavarello, 2004).

grandes empresas agropecuario financieras a través de pools de siembra (Varesi, 2010).

Figura 1: Superficie cubierta con soja en Argentina: áreas de expansión en el NEA y NOA.

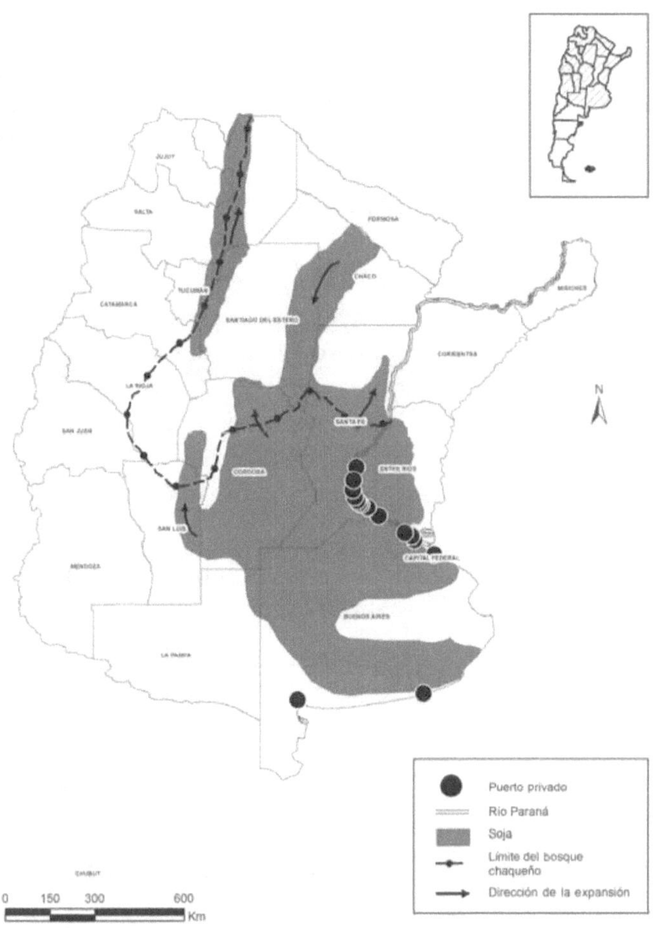

Fuente: Reboratti, 2010.

En el norte del país han operado dos procesos relacionados con el avance del cultivo de soja: por un lado se percibe un ciclo expansivo con importantes efectos territoriales y, por otro, significativos cambios de sustitución de cultivos, que en gran medida tiene relación con las estructuras productivas ya consolidadas desde mediados del siglo pasado.

La información del Censo Nacional Agropecuario (CNA) de los años 1988 y 2002 volcada en el Cuadro 1 denota la expansión sojera en las provincias del norte donde el cultivo se ha instalado. La superficie cultivada total aumentó en 1,5 millones de hectáreas entre los años señalados, básicamente a partir de la ganadería extensiva y el desmonte,[4] correspondiendo el 65% a soja, principalmente en Chaco y Santiago del Estero. La primera provincia explica el 85% del incremento, Salta el 71% y Santiago del Estero y Tucumán el 51 y 60% respectivamente. Esta oleaginosa se convirtió en el principal cultivo en estas provincias incorporando tierras dedicadas anteriormente a los principales cultivos industriales como algodón en Chaco, poroto en Salta y caña de azúcar en Tucumán y hortalizas en Santiago del Estero.

Al respecto, Slutzky (2005: 14) agrega:

"El precio de la tierra y el costo del desmonte –frente a este precio en la zona pampeana–, todavía constituye un gran atractivo para los capitales que buscan sobreganancias a muy corto plazo y aun cuando la producción agrícola tiene en esta zona comparativamente un sobrecosto de transporte a los puertos, es justamente la diferencia en el precio de la tierra o el arrendamiento lo que mantiene el gran atractivo de rentabilidad de la producción zonal, tanto a nivel nacional como internacional".

Cuadro 1. Superficie implantada por tipo de cultivo en hectáreas, 1988 y 2002.

		Chaco	Salta	Santiago del Estero	Tucumán	Total
Soja	1988	16.745	98.305	63.722	135.298	314.070
	2002	407.445	296.982	413.382	201.959	1.319.768
	Dif.	*390.700*	*198.677*	*349.660*	*66.661*	*1.005.698*
Resto oleaginosas	1988	*193.074*	*7.023*	*12.364*	*1.791*	214.252
	2002	197.992	25.460	18.823	1	242.276
	Dif.	*4.918*	*18.437*	*6.459*	*-1.790*	*28.024*

(continúa)

---

4   Según un informe de la Secretaría de Medio Ambiente y Desarrollo Sustentable de la Nación, se desmontan por año en el país unas 30.000 hectáreas de bosques nativos; sin embargo, los datos censales para la provincia de Salta muestran que entre 1988 y 2004 se erradicaron 110.000 hectáreas en promedio anual (Slutzky, 2005).

Cereales	1988	97.732	70.775	100.521	86.294	355.322
	2002	196.650	130.823	270.921	174.580	772.974
	Dif.	*98.918*	*60.048*	*170.400*	*88.286*	*417.652*
Forrajeras	1988	81.100	63.150	141.915	35.962	322.127
	2002	147.821	121.707	294.883	31.697	596.108
	Dif.	*66.721*	*58.557*	*152.968*	*-4.265*	*273.981*
Industriales, legumbres y otros	1988	300.795	219.574	83.016	272.736	876.121
	2002	201.712	164.799	91.666	235.026	693.204
	Dif.	*-99.083*	*-54.775*	*8.650*	*-37.710*	*-182.917*
Total	1988	689.446	458.827	401.538	532.081	2.081.892
	2002	1.151.621	739.770	1.089.676	643.263	3.624.330
	Dif.	*462.175*	*280.943*	*688.138*	*111.183*	*1.542.438*
Soja sobre total		85%	71%	51%	60%	65%
Distribución soja		39%	20%	35%	7%	100%

Fuente: elaboración propia en base a INDEC, CNA 1988 y 2002.

Los cultivos tradicionales pierden relevancia en manos de la soja dependiendo crecientemente de actores externos, principalmente de la región pampeana, y girando parte de la renta local hacia otras regiones del país.

Existieron condiciones previas, algunas gestadas desde fines de la década de 1960, que favorecieron la penetración de la producción de soja. El proceso de reestructuración experimentado por el tradicional complejo algodonero chaqueño –siguiendo las tendencias constitutivas de la agricultura contemporánea– sienta las bases y facilita su difusión.[5, 6] Por un lado, porque se crearon condiciones para el desplazamiento de minifundistas y pequeños productores de la estructura agraria algodonera quienes, empujados por su alto endeudamiento, venden sus tierras y emigran. Por otro lado, porque la presión de los elementos que conformaron el ciclo expansivo del algodón desde mediados de los años 1990 conducen, precisamente, a explotaciones empresariales (medianos y grandes productores) de mayor tamaño y adecuadas para la introducción de nuevas

---

5 Ver el análisis correspondiente al complejo algodonero.

6 De modo similar en Salta y Tucumán, la mecanización de las cosechas del poroto, soja común y otros cereales se produjo durante los años sesenta, seguido el ingreso de las semillas híbridas, agroquímicos y fertilizantes.

tecnologías. Estos estratos, propietarios de las extensiones de tierra que garantizan la rentabilidad del cultivo, pudieron acceder a créditos para la compra de maquinaria e insumos y enfrentar los mayores costos del mejoramiento del cultivo introduciendo el "paquete" ofrecido por empresas transnacionales proveedoras de semillas transgénicas y plaguicidas. Asimismo, ingresaron nuevos capitales privados que amplían y renuevan el parque industrial de primera transformación (desmotadoras) y desplazan a las cooperativas que, hasta ese momento, captaban la mitad del algodón en bruto comercializado.[7]

De este modo se habilita un nuevo modelo tecno-productivo que, por un lado, reemplaza totalmente la cosecha manual de algodón y, asimismo, viabiliza la orientación hacia las oleaginosas,[8] evitando las amenazas de las sequías y logrando mayor certidumbre en el rendimiento final, posibilidad de una doble cosecha[9], además de enfrentar menores costos ya que a diferencia del algodón la soja demanda menos mano de obra para el proceso de siembra y etapa de recolección.[10]

Otros protagonistas de la pampeanización de la agricultura en el norte son conocidos: grandes capitales de la región, pools pampeanos, y empresas contratistas de las provincias de Santa Fe y Córdoba primero, compraron o alquilaron tierras reemplazando el algodón por la soja en el sudoeste y oeste de Chaco y Santiago del Estero[11]; las grandes semilleras y agroprocesadoras que localizan sus instalaciones de acopio (Cargill, Asociación de Cooperativas Agrarias; Aceitera General Deheza) y distribución de insumos en las nuevas zonas de producción; los capitales asociados de la infraestructura de transporte, particularmente los que configuran el polo

---

7   Ver análisis del complejo algodonero en este mismo volumen.

8   Otros factores convergen en la abrupta reducción en la producción de algodón, como la aparición de la plaga el "picudo algodonero", la mayor volatilidad de los mercados y la caída del precio internacional hasta el 2009.

9   Tanto en la provincia de Chaco, como en otras áreas de expansión de la soja dentro del NEA, se dan condiciones agroecológicas que permiten la realización de dos ciclos agrícolas en el mismo período del año (septiembre-febrero).

10   En un estudio reciente del Centro de Investigaciones Económicas y Laborales (CEIL) y el Instituto Nacional de Tecnología Agropecuaria (INTA) se estima que cada dos hectáreas de algodón que se sustituyen por soja se pierde un puesto de trabajo directo (Neiman, 2010, *Página 12* Suplemento económico Cash domingo 13 de marzo de 2011).

11   Considerando la sumatoria de superficie sembrada en todas las provincias, el NOA alcanzó 1,5 millones de hectáreas en la campaña 2006/7, mientras que el NEA unas 750.000 (INTA, 2009).

ferro-portuario en torno a Rosario-San Martín-San Lorenzo y, de manera complementaria, los asociados (públicos, privados e internacionales) a los grandes proyectos de inversión programados dentro del Eje del Capricornio de la Iniciativa para la Integración de la Infraestructura Regional Suramericana (IIRSA).[12]

En suma, la implantación de un nuevo complejo productivo, asentado en ventajas naturales, cuyos nodos gravitantes y de mayor dinamismo recrean condiciones de competitividad externa y, al mismo tiempo, se debilitan anteriores correas de transmisión hacia el interior de las economías regionales. Por un lado, el modelo sojero, sustentado en elevadas escalas de producción, ha desplazado a productores de menores dimensiones (bajo la figura del arriendo o venta de tierra). Por otro lado, este efecto desplazamiento se intensifica por el bajo nivel de empleo generado por la soja en relación a cultivos anteriores.

En efecto, en cultivos industriales tradicionales como los casos analizados del algodón en Chaco y la caña de azúcar en Tucumán, la demanda de mano de obra disminuye a medida que el nivel tecnológico mejora, siendo los productores pequeños los mayores demandantes de mano de obra por hectárea. De este modo, su sustitución por soja y la desaparición de las explotaciones de menor tamaño derivan generalmente en una pérdida de empleos a nivel local.

El Cuadro 2 ilustra este efecto a través de un ejercicio realizado sobre información de jornales/hombre anuales utilizados en caña de azúcar en Tucumán, algodón en Chaco y soja en la provincia de Córdoba contemplando el incremento de superficie necesario para generar un efecto empleo neutro. Las diferencias en los requerimientos de mano de obra determinan que, por cada hectárea de bajo nivel tecnológico de caña de azúcar y algodón reemplazada, se requieran 167 y 77 nuevas hectáreas de soja a los efectos de neutralizar el impacto negativo sobre el nivel de ocupación. Los cambios observados en la superficie sembrada de azúcar y algodón, por un lado, y de soja, por el otro, dan cuenta de una significativa reducción en el empleo rural.

---

12 Con objetivos y proyectos vinculados a la salida de producciones exportables del NOA, el sur de Bolivia y Paraguay hacia el Pacífico, así como conectar el NOA argentino y norte de Chile con la Hidrovía Paraguay-Paraná. El proyecto portuario más relevante es el complejo intermodal Barranqueras-Corrientes en el NEA.

Cuadro 2. Jornales/hombre por hectárea/año y hectáreas necesarias para efecto empleo neutro.

		Nivel tecnológico		
		bajo	medio	alto
Jornales/hombre por hectárea/año	Caña de azúcar (Tucumán)	50	23	5
	Algodón (Chaco)	23	20	0,9
	Soja (Córdoba)	0,3	0,3	0,3
Efecto empleo neutro: ha. nuevas por ha. sustituida	Soja por caña de azúcar	167	77	17
	Soja por algodón	77	67	3

Fuente: elaboración propia en base a Neiman, 2010.

Del ejercicio anterior surge una reflexión de crucial importancia para la discusión sobre efectos económicos territoriales del complejo sojero. Existe un número significativo de pequeños productores familiares, desplazados de actividades agrícolas y ganaderas tradicionales, que se han convertido en rentistas, alquilando sus campos/parcelas a los agentes económicos ligados al nuevo complejo productivo. Este proceso refuerza, por un lado, la tendencia de desplazamiento de la agricultura familiar de la estructura agraria regional y, al mismo tiempo, introduce un mayor grado de irreversibilidad a esta dinámica. En efecto, no sólo se elevan las barreras de entrada por la presión que ejercen los elementos que conforman la producción agrícola contemporánea sino, también, por los mayores costos asociados a la supervivencia y/o reconversión de las explotaciones cuando terminan los contratos. Las tierras son devueltas en malas condiciones agro-ecológicas y la vuelta a la actividad demandaría tiempo, inversiones y/o conocimientos especializados de difícil acceso para estos estratos productivos. Los pequeños productores rentistas se convierten, entonces, en mano de obra que ejerce presión en los mercados de trabajo urbano (especialmente las capitales provinciales), cuentapropistas y/o perceptores de planes sociales.[13]

Los procesos productivos en curso están dejando otras marcas sociales y dinámicas en los territorios provinciales del norte del país. Aunque los resultados del último censo poblacional están en etapa de elaboración,

---

13 Esta problemática ha sido destacada en entrevistas realizadas a técnicos del Instituto Nacional de Tecnología Agropecuaria (INTA) y de programas de promoción rural (PRODERNOA), particularmente, en el caso de ex productores algodoneros de Santiago del Estero.

    ¿Crecimiento o desarrollo? El ciclo reciente en el norte argentino

las tendencias que se esbozan entre los dos censos anteriores dan cuenta del crecimiento desigual que experimentan pequeñas localidades rurales y el surgimiento de nuevas que funcionan como centros de servicios, próximas a las áreas de producción sojera. Un fenómeno observado, particularmente, en la pequeña localidad rural de las Lajitas (Salta), convertida en un importante nodo logístico (instalaciones de silos, oficinas de comercialización, venta de insumos, etc.) y en Tartagal, antes ligada al petróleo, que ha pasado a ser el centro de servicios para las compañías de desmonte y siembra de soja (Gorenstein, 2010).

La desforestación, propia de la segunda fase de expansión e intensificación del cultivo de soja, ha abarcado una importante superficie de montes nativos del Parque Chaqueño (que involucra a casi todas las provincias del norte) y ha sido más extensa en la provincia de Santiago de Estero. La literatura especializada muestra cierto consenso en relación a los impactos sobre el medio físico que resultan, mayormente, de la conversión del ambiente natural al uso agropecuario propio de la región pampeana. En este marco, entonces, otro debate abierto en relación a las repercusiones del complejo sojero es el ambiental,[14] al que se suma la creciente conflictividad social en ciertas zonas de deforestación y parcelamiento de tierras por el desplazamiento y/o marginación de los pueblos originarios (las etnias Qom, Wichi y Mocoví).

Complejo tabacalero

El cultivo del tabaco se inicia en Salta a principios del siglo pasado y en Jujuy a fines de la década del treinta; en los años cuarenta la mayor parte de las empresas fabricantes de cigarrillos estaban bajo el control de capitales nacionales, mientras que a mediados de los setenta comienza a redefinirse la estructura productiva tabacalera con su completa desnacionalización en 1996.[15]

El incremento de la demanda internacional de tabacos claros, sustentada en los procesos de concentración internacional de la industria tabacalera,

---

14 Entre los efectos identificados: erosión eólica de los suelos, pérdida de nutrientes y cambio de su estructura, salinización, desertificación, contaminación ambiental, por el uso indebido de agroquímicos; pérdida de componentes de biodiversidad; entre otros (Brunstein, 2010).

15 Un análisis de la dinámica estructural del complejo tabacalero en los últimos años se puede encontrar, entre otros, en: Aparicio (2009a y 2009b), Corradini y otros (2005), Gorenstein (2010), Grupo de Análisis Económico (2003), Chávez (2010), Re y Diez (2010) y Rofman y otros (2008).

derivó en nuestro país en el reemplazo de variedades tradicionales por importadas[16] y, de manera concomitante, en la incorporación de mejoras tecnológicas en las fases de siembra y poscosecha. Simultáneamente, en Salta y Jujuy se fueron creando cooperativas para defender los intereses del sector y aumentar su capacidad de negociación frente a las compañías tabacaleras. Las Cooperativas de Tabacaleros se ha transformado en un importante actor social dentro del complejo, financiando la producción y neutralizando en parte la forma oligopólica de la industria (Re y Diez, 2010).[17]

Además de aumentos en el rinde y la calidad del producto obtenido, el cambio tecnológico modificó la estructura de empleo dando origen a nuevas relaciones laborales, particularmente por el desplazamiento de las producciones de base familiar y la incorporación de trabajadores asalariados, en particular en el ámbito de los productores de mayores dimensiones.

Los incrementos registrados en la producción y exportación de tabaco a partir del decenio de 1990 fueron favorecidos por el proceso de crecimiento y expansión de los estratos medianos y grandes, los cuales, merced a una mayor capacidad de adaptación al cambio tecnológico, pudieron responder de manera más eficaz a las exigencias de los mercados internacionales (Cuadro 3). El aumento del coeficiente de exportaciones marca el éxito del modelo productivo "moderno" iniciado en los noventa y consolidado en la década siguiente con un elevado grado de internacionalización del complejo, ya que la mayor parte de su producción se destina al mercado mundial.

Cuadro 3. Producción y exportación de tabaco a nivel nacional. 1961-2008.

Período	Producción (promedio anual. Tn)	Exportación (promedio anual. Tn)	Coeficiente de exportación
1961 - 1970	53.408	11.281	21%
1971 - 1980	77.115	22.132	29%
1981 - 1990	68.807	27.622	40%
1991 - 2000	104.280	51.244	49%
2001 - 2008	133.638	93.801	70%

Fuente: elaboración propia en base a Ministerio de Agricultura, Ganadería y Pesca.

16 Casi la totalidad de la producción tabacalera en Argentina hoy corresponde a las variedades Virginia (61%) y Burley (36%). Mientras que la primera se realiza casi exclusivamente en las provincias de Salta y Jujuy, el tipo Burley se produce mayormente en Misiones y Tucumán.

17 Al respecto los autores agregan (pág. 15): *"A pesar de transformarse en canales alternativos de venta de la materia prima, el tabaco acopiado por las cooperativas, es finalmente vendido dentro del mismo complejo agro industrial, lo que limita el poder real de las Cooperativas".*

    ¿Crecimiento o desarrollo? El ciclo reciente en el norte argentino

La participación en la producción nacional de Jujuy y Salta se ha mantenido relativamente constante en torno al 30 y 27% respectivamente en el promedio de los últimos veinte años. Estos guarismos reflejan una duplicación del volumen producido en casi la misma superficie implantada debido, por un lado, a un fuerte incremento en el rendimiento y, por el otro, a una reestructuración de las unidades productivas.

En efecto, las evidencias disponibles en los Censos Nacionales Agropecuarios (CNA) de los años 1988 y 2002 para las provincias de Jujuy y Salta muestran modificaciones en la misma dirección. En la primera se observa que en una superficie cultivada apenas 8% superior, las explotaciones agropecuarias (EAPs) se redujeron un 25% como resultado de dos efectos: la disminución de los estratos pequeños, en torno al 50% tanto en EAPs como en superficie, y de los medianos, 20 y 15% respectivamente, y el incremento de los grandes productores, 65% en EAPs y 82% en superficie (Cuadro 4). La nueva estructura productiva arroja EAPs en promedio de mayor tamaño, una expulsión de los pequeños y una relevancia similar en hectáreas disponibles de los medianos y grandes cuando en 1988 los primeros duplicaban a los segundos.

Cuadro 4. Jujuy. EAPs y superficie implantada. Variedad Virginia según escala de extensión. 1988 y 2002.

	1988				2002			
	EAPs	Part.	Superficie (ha)	Part.	EAPs	Part.	Superficie (ha)	Part.
Pequeños (hasta 10 ha.)	256	40%	1.538	12%	136	28%	788	6%
Medianos (10,1 a 50 ha.)	338	53%	7.975	60%	272	57%	6.785	48%
Grandes (más 50 ha.)	43	7%	3.682	28%	71	15%	6.700	47%
Total	637		13.195		479		14.272	

Fuente: elaboración propia en base a INDEC, CNA 1988 y 2002.

Por su parte, en Salta el número de productores grandes es inferior al de Jujuy pero de mayor tamaño promedio, cuando en 1988 no sólo eran menos sino también de dimensiones más reducidas. También las EAPs disminuyeron aun más que en Jujuy con cambio estructural similar: caída de pequeños y medianos (éstos en mayor magnitud que en Jujuy) y aumento similar en grandes. El complejo salteño registra más unidades productivas en menos superficie, derivando en EAPs promedio más chicas en pequeños y medianos productores pero de mayor tamaño en los grandes, fruto de la duplicación de hectáreas en este estrato en detrimento del resto, ya que la superficie total se mantuvo constante entre 1988 y 2002 (Cuadro 5). En suma, la resultante es un complejo que ha doblado su producción con muchos menos productores, de mayor tamaño y más eficientes en el marco de un proceso claramente concentrador y orientado a la exportación.

Cuadro 5. Salta. EAPs y superficie implantada. Variedad Virginia según escala de extensión. 1988 y 2002.

	1988				2002			
	EAPs	Part.	Superficie (ha)	Part.	EAPs	Part.	Superficie (ha)	Part.
Pequeños (hasta 10 ha.)	404	49%	1.823	14%	211	40%	1.123	9%
Medianos (10,1 a 50 ha.)	384	47%	8.082	63%	254	49%	6.130	47%
Grandes (más 50 ha.)	35	4%	2.881	23%	58	11%	5.686	44%
Total	823		12.786		523		12.939	

Fuente: elaboración propia en base a INDEC, CNA 1988 y 2002.

Al igual que lo acontecido en otros complejos agroindustriales, la difusión de agroquímicos (herbicidas, insecticidas, fungicidas y fertilizantes) tuvo un peso significativo en la productividad y calidad del tabaco. Esta dimensión del cambio tecnológico permitió que el rinde creciera un 50% en veinte años a través de una generalizada difusión entre los productores, aunque de distinta magnitud de acuerdo al tamaño. Un altísimo porcentaje de productores utiliza fertilizantes químicos, insecticidas, acaricidas, y herbicidas (entre el 98 y 85% según insumo), mientras que un poco menos de la mitad fungicidas (CNA, 2002). Los clientes del sector industrial concentrado juegan un rol clave en la inducción y generalización del uso de los agroquímicos, lo cual genera importantes mecanismos de dependencia, básicamente en el estrato de los pequeños productores tabacaleros.

El proceso de difusión y absorción de nuevas tecnologías dieron forma a una nueva estructura productiva y social en el complejo tabacalero generando una serie de asimetrías que se pueden estilizar de la siguiente manera:

   ¿Crecimiento o desarrollo? El ciclo reciente en el norte argentino

- *Mecanización*. A diferencia de los pequeños productores y en menor medida de los medianos, los grandes han podido mecanizar algunas tareas asociadas a la difusión de agroquímicos, contando con un parque importante de fumigadoras. El avance heterogéneo de la mecanización también se ha hecho evidente en la disponibilidad de tractores y de sistemas de transplante mediante trasplantadoras de pinzas y conos por gravedad.
- *Escala*. En las fases de la producción primaria, los aumentos en la escala de producción también respondieron a la difusión de nuevas técnicas en la preparación de los almácigos, con la aparición de los del tipo "flotante". Las principales ventajas de este tipo de almácigos residen en una mayor homogeneización de los plantines y el desarrollo de un sistema radicular que permite la rápida absorción de nutrientes y un crecimiento más veloz del transplante. Dado los elevados costos de esta técnica, el acceso a la misma se ha tendido a focalizar en los grandes productores. En la provincia de Salta, el 80% de la superficie de almácigos se realiza con el método convencional y el 20% restante utiliza el sistema de bandejas flotantes, mientras que en Jujuy, la relación es de 90% para el uso convencional y 10% para el sistema flotante.
- *Secado*. El proceso de expansión de los grandes productores también se afianzó en la primera industrialización del tabaco (curado, secado y preclasificación en fardos). En esta etapa se produjo un cambio incremental en el sistema de secado, con la incorporación de las estufas "bulk-curing" y el reemplazo de la leña por el gas, particularmente en Jujuy. Este proceso repercutió, por un lado, en la cantidad de mano de obra demandada dado que los productores que incorporaron este sistema de secado prescindieron de la mano de obra encargada del encañado de las hojas. Por otro lado, incrementó la productividad del segmento de grandes productores que pudieron incorporar este cambio tecnológico y, por esa vía, ampliar la brecha que los separa de los de menores dimensiones, que suelen enfrentar importantes y variadas dificultades para viabilizar la incorporación de tecnologías claves (estufas a gas, tractores, etc.).

La desigual capacidad de absorción de estos cambios registrado por medianos y grandes productores respecto a los pequeños se refleja en los disímiles niveles de producción y productividad que registran unos y otros. Siguiendo el Cuadro 6, en la provincia de Salta sólo el 7% de los productores registran un nivel tecnológico alto y aportan entre el 25 y 30% de la producción, registrando un rendimiento medio de 3.000 kg/

ha. Por su parte, el 43% de los productores posee un nivel tecnológico bajo, proveen entre un 10% y un 20% del volumen total de tabaco y el rendimiento medio es de 1.700 kg/ha. En el caso de Jujuy, la situación es más homogénea en cuanto a la distribución de los productores por nivel tecnológico y rendimiento por hectárea, siendo la diferencia entre los extremos sustancialmente menor que en Salta. En ambas provincias los productores de media tecnología continúan registrando el mayor número y producción pese a no ser el segmento más tecnificado y de mayor rendimiento (Chávez, 2010).

Cuadro 6. Productores, superficie ocupada, producción obtenida y rendimiento medio por nivel tecnológico. Salta y Jujuy.

	Salta			Jujuy		
	Nivel tecnológico			Nivel tecnológico		
	Bajo	Medio	Alto	Bajo	Medio	Alto
Productores (%)	43	50	7	30	50	20
Superficie ocupada (%)	11	74	16	15	50	35
Producción obtenida (%)	10-20	55-60	25-30	14	48	38
Rendimiento medio (kg/ha)	1.700	2.200	3.000	2.000	2.400	2.800

Fuente: Chávez, 2010.

Los cambios en la estructura productiva tabacalera tuvieron sus efectos en el mercado de trabajo. En primer término es importante señalar que es el cultivo industrial más intensivo en el uso de mano de obra (alrededor de 120/130 jornales por hectárea en promedio en Jujuy y 157 en Salta)[18], especialmente para la preparación de suelos, plantación y cosecha. Históricamente, la mayoría de los productores, sobre todo los pequeños, cubrieron esta demanda con la utilización de mano de obra familiar. Por su parte, los grandes productores o empresas agrarias que disponían de importantes superficies de tierra para la plantación de tabaco, entregaban tierras a medieros, quienes la trabajaban con su mano de obra familiar y, excepcionalmente, subcontrataban a trabajadores transitorios. Este sistema explica el significativo peso social de la actividad en la región y que

---

18   La diferencia radica en el mayor número de tareas desarrolladas en Salta en el período de cosecha en relación a Jujuy (Chávez, 2010).

          ¿Crecimiento o desarrollo? El ciclo reciente en el norte argentino

aún conserva en las zonas de producción, localidades rurales y ciudades aledañas.

El avance y la mayor concentración de las explotaciones generaron cambios en las relaciones laborales y en la especialización de los puestos requeridos. Por un lado, se produjo el reemplazo de los medieros por la administración directa por parte de los dueños de la tierra, dando lugar a un mercado de trabajadores transitorios y asalariados. Asimismo, algunos medieros se transformaron en pequeños productores, o desplazados de la actividad primaria, que pasaron a engrosar los contingentes de fuerza laboral (rural y urbana) asentados en núcleos urbanos.

Por otra parte, con el aumento de la escala de producción se complejizaron las tareas de gestión de las explotaciones grandes derivando en la contratación de personal especializado conjuntamente con el reemplazo de personal permanente por transitorio. En los cultivos de menos de diez hectáreas sobrevive la organización familiar de la explotación, combinada con la contratación de trabajadores transitorios, mientras que en cultivos de entre diez y treinta hectáreas la familia se ocupa de la supervisión y comercialización realizando las tareas físicas directas asalariados estacionales. Es decir, a medida que aumenta la cantidad de hectáreas cultivadas disminuyen hasta casi desaparecer los jornales familiares y aumentan los transitorios. En cambio, la contratación de trabajo asalariado estacional se ha consolidado entre los productores de mayor envergadura que, a su vez, incorporan la modalidad permanente (principalmente en Salta) tanto para los trabajadores calificados como el personal técnico (ingenieros, administrativos), dando lugar a una organización laboral administrada mediante estructuras jerárquicas (Aparicio, 2009b).

En cuanto a la cantidad de jornales requeridos, la difusión de nuevas tecnologías generó la prescindencia de gran cantidad de trabajadores rurales desde la década del setenta hasta la actualidad. A partir de la información censal de 1988 y 2002, y considerando los jornales por hectárea indicados en Aparicio (2009b) y la apertura por nivel tecnológico de Chávez (2010), se puede estimar que la mano de obra ocupada se redujo en alrededor del 10% en Salta y 15% en Jujuy. Sin embargo, el análisis más pertinente corresponde a la división por estrato donde los más pequeños perdieron más del 50% de los trabajadores (alrededor de 50.000) y los medianos el mayor número, especialmente en Salta, aunque en términos relativos sea un porcentaje menor. Es decir, entre 1988 y 2002, los cambios estructurales afectaron a unos 200.000 tabacaleros entre medianos y pequeños productores. En cambio, los grandes productores absorbieron mano de obra compensando en parte la pérdida señalada: alrededor de 100.000 nuevos ocupados en tareas principalmente estacionales se habrían generado en los grandes productores, básicamente en Salta (Cuadro 7).

Más allá de los números resultantes de la estimación, lo más significativo son las tendencias que marca, por cierto en línea con los cambios tecnológicos y sus efectos sobre el empleo en el complejo tabacalero de Jujuy y Salta señalados en la literatura.

Cuadro 7. Número de puestos de trabajo generados por la industria tabacalera en Jujuy y Salta. 1988 y 2002.

	Jujuy				Salta			
	Trabajadores		Variación		Trabajadores		Variación	
	1988	2002	Abs.	Rel.	1988	2002	Abs.	Rel.
Pequeños (hasta 10 ha.)	45.371	19.167	-26.204	-58%	50.141	24.704	-25.437	-51%
Medianos (10,1 a 50 ha.)	212.667	161.700	-50.967	-24%	222.247	135.891	-86.356	-39%
Grandes (más 50 ha.)	90.823	117.243	26.420	29%	120.033	194.255	74.221	62%
Total	*348.860*	*298.110*	*-50.750*	*-15%*	*392.421*	*354.849*	*-37.572*	*-10%*

Fuente: elaboración propia en base a Aparicio (2009b), Chávez (2010) y CNA 1988 y 2002.

Finalmente, en cuanto a las relaciones de poder al interior del complejo tabacalero, la cadena productiva es centralizada por dos empresas cigarreras de capital internacional, que intervienen en la etapa final de elaboración del cigarrillo a nivel nacional. La forma oligopólica que imprimen al mercado estas empresas, Allianz y Massalin, no ha logrado pautar en el mismo grado que en otras provincias, los tiempos y formas de entrega, fundamentalmente por la existencia de un tercer actor importante, la Cooperativa Tabacalera de Jujuy. Ésta interviene significativamente en el asesoramiento a los productores, el acopio y, recientemente en la fabricación de cigarrillos (Aparicio, 2009b).

El sistema de comercialización utilizado (compra directa mediante contrato) genera un poder determinante de los compradores/acopiadores (empresas manufactureras de cigarrillos, *dealers* o intermediarios y las cooperativas de productores)[19] configurando una estructura de negociación

---

19   En las provincias de Salta y Jujuy, los grandes productores han logrado diversificar en parte al comprador, e inclusive montar sus propias organizaciones cooperativas que intervienen en la fase de poscosecha y en las ventas al mercado externo.

oligopsónica. En tal sentido cabe estilizar los rasgos de funcionamiento derivados de la difusión de la agricultura de contrato. En primer lugar, los compradores establecen o imponen la lógica productiva en términos de calidades y mezclas requeridas y aseguran la compra de la producción antes de la cosecha, financiando incluso la difusión de tecnología.

En segundo lugar, el sistema es "regulado" por los contratos de producción, firmados entre el comprador y el productor. Como contrapartida, la empresa provee los insumos necesarios para el inicio del ciclo (agroquímicos, semillas y el asesoramiento técnico) que son descontados al momento del acopio. El poder económico y la centralidad estructural de los compradores, sumado a los insumos adelantados para desarrollar el ciclo productivo, generan un compromiso que diluye la capacidad de negociación de los productores, en especial los de menores dimensiones, y profundiza las condiciones asimétricas bajo las cuales suscriben los contratos. Con la entrega de los insumos se inicia un círculo de subordinación de los productores tabacaleros de menor envergadura que se reproducirá con la fijación del precio de compra.

Complejo yerbatero

A diferencia de los complejos orientados a la exportación, el de yerba mate está asociado básicamente a factores internos, particularmente la dimensión del mercado y las políticas públicas: tecnológicas, financieras y el marco regulatorio. La mayor parte de la producción está orientada al consumo interno y el precio de venta entre las distintas etapas de la cadena de valor está regulado. Esto implica que la rentabilidad y supervivencia de los productores depende en gran medida de la escala de producción, grado de tecnificación, capacidad financiera e integración vertical.

En su primera fase de desarrollo, denominada por algunos autores la del cultivo "poblador" (Rau, 2009), la condición para el otorgamiento de tierras, a pequeños productores de base familiar, consistió en la obligación de implantar entre el 25 y 75% de la superficie con yerba mate. Este requisito respondía al objetivo de integración social y económica de la región. Las condiciones agroecológicas[20] que las provincias de Misiones y Corrientes registran de manera excluyente a nivel nacional, permitieron

___

20 Suelos profundos, de color rojo intenso, con buenas condiciones físicas, ligeramente a fuertemente ácidos y de mediana fertilidad, clima subtropical húmedo isohídrico y con presencia en la zona centro y norte de la región de la cubierta de la selva subtropical paranaense, que posibilitan el desarrollo de las plantaciones (SAGPyA, 2001).

aumentos sostenidos de la producción y abastecer progresivamente la demanda local. A partir de 1926, la superficie implantada con yerba mate en Misiones comienza a incrementarse a un ritmo que ronda las 5.000 hectáreas anuales, mientras que entre los cinco y diez años posteriores se tradujo en incrementos entre 6.000 y 25.000 toneladas por año (Rau, 2009).

Entre 1936 y 1991, al amparo de la regulación de la oferta y demanda ejercida por la Comisión Reguladora de la Yerba Mate (CRYM), el incremento de la superficie implantada en Misiones transformó a la Argentina en el principal productor mundial.[21] Este mecanismo regulador posibilitó acompañar el crecimiento de la demanda interna, sustituir las importaciones provenientes de Brasil y Paraguay y consolidar un mercado de exportación a Siria y el Libano (Gortari, 2007). En este proceso expansivo también jugaron un rol importante las políticas impulsadas a través del Coninmate y el INTA desde la década de 1970 que motorizaron la introducción de mejoras tecnológicas, aumentos de la producción y productividad.

Desde el proceso de colonización se fue conformando una estructura productiva agraria fundada en las pequeñas y medianas explotaciones familiares que se mantiene en la actualidad. La provincia de Misiones explica casi el 90% de la producción nacional y Corrientes el 10% restante, a través de casi 17.600 productores en algo más de 200 mil hectáreas (Instituto Nacional de la Yerba Mate, INYM).

De acuerdo con el Relevamiento Satelital 2001 (Ministerio de Ecología y Recursos Naturales Renovables de la Provincia de Misiones) y considerando que las 10 mil nuevas plantaciones son de alta densidad, se puede estimar que de las hectáreas plantadas con yerba mate en Argentina el 37% es de baja densidad (menos de 1.000 plantas por hectárea), el 23% de media densidad (entre 1.000 y 1.800 plantas/has.) y el 40% de alta densidad (más de 1.800 plantas/has.). En general suelen combinarse las superficies reducidas de baja densidad de plantación con la escasa adopción de nuevas prácticas en el manejo del cultivo, lo cual incide en los niveles de productividad y margen de rentabilidad del productor. En cuanto a la cosecha, en las plantaciones de baja y media densidad el sistema utilizado es el tradicional (poda manual individualizada) donde el *tarefero*[22] es la pieza fundamental, mientras que en las de alta densidad se utiliza por lo

---

21   Además de Argentina, los únicos países que producen yerba mate son Brasil y Paraguay. Los principales consumidores son los tres países señalados y Uruguay.

22   En la región se conoce como *tareferos* a los obreros que trabajan en la cosecha de yerba mate.

general una cosecha sistematizada moderna, la cual se puede efectuar de manera mecanizada.

El Cuadro 8 agrupa los productores de acuerdo a esta clasificación denotando el rendimiento diferencial de acuerdo a la densidad y tamaño de las explotaciones. El 77% de los productores corresponden a la categoría de baja densidad con algo más del 37% de la superficie y el 31% de la producción. En el otro extremo, los de alta densidad, divididos en dos categorías, controlados por grandes empresas yerbateras que registran los mayores rendimientos derivados de las tecnologías aplicadas y alto nivel de gerenciamiento e integración hasta la fase industrial, no llegan al 7% de los productores y determinan el 46% de la producción. Los rendimientos explican el ingreso total diferencial por productor, traduciendo las reducidas posibilidades de reproducción de la mayoría de ellos y uno de los principales conflictos dentro del complejo.[23]

Cuadro 8. Producción de yerba mate. Total país. 2010/2011.

Estrato. Has.	Cantidad de productores	Superficie (has.)	Producción (ton.)	Rendimiento (kg/has)	Ingreso anual x productor ($)
Hasta 11	76,9%	37,4%	31,1%	4.442	22.683
11,1 a 30	16,4%	23,6%	22,9%	5.193	78.360
30,1 a 200	6,4%	27,6%	30,2%	5.859	263.548
Más de 200	0,3%	11,4%	15,8%	7.410	3.400.702
Total	17.593	205.222	1.097.754	5.349	56.158

Fuente: elaboración propia en base a INYM.

En efecto, la fijación del precio de la hoja verde por parte del Ministerio de Agricultura, Ganadería y Pesca (MAGyP) determina el ingreso de los productores, especialmente el de los pequeños que no están integrados al resto de la cadena de valor, por lo cual no es neutro respecto de la conformación de la estructura de la oferta del producto y de las condiciones sociales de supervivencia en la región. Los productores integrados con los secaderos y molinos pueden apropiarse de renta en otras etapas del

---

23 El ingreso tota anual por productor de baja densidad ascendería a $22.683 en 2011, casi el 30% del estrato intermedio, imposibilitando su reproducción a través de esta actividad económica.

proceso, sin embargo los que finalizan su participación productiva en la primera etapa tienen atado su ingreso a esta regulación.[24] [25]

El precio regulado único de hoja verde, que no tiene en cuenta los costos y rendimientos por tipo de productor, genera dos efectos secundarios, pero no de menor importancia: (i) en los pequeños productores los bajos ingresos se trasladan a los salarios de los trabajadores estacionales y a sus condiciones laborales; (ii) en los grandes productores integrados se transforma en mayor renta por bajo costo laboral y de materia prima. Al respecto Gortari (2010: 7) señala:

"Esta diferente realidad dentro del sector productivo, dificulta una acción coordinada y se traslada a la toma de decisiones en el INYM. Por un lado una multitud dispersa de pequeños productores sin representación orgánica o gremial. Por el otro, unos pocos grandes productores organizados y asociados o integrados a las grandes industrias, que se benefician de la 'renta' diferencial que les genera tener rendimientos promedio de un 50% por encima del primer estrato. Y que en la fase comercial del producto terminado 'realizan' la plusvalía derivada de la conjunción bajos precios de la materia prima/bajas remuneraciones al trabajo que la produce (incumplimiento de los valores del jornal o de precios por kilos cosechados, trabajo familiar, trabajo en negro, precariedad laboral en general, pago en especie)".

La producción yerbatera moviliza en su cosecha anual entre 15.000 y 22.000 *tareferos* en condiciones laborales y sociales de precariedad ostensible. El mercado de trabajo yerbatero reviste una significativa importancia en la región desde principios del siglo XX. A partir de la segunda mitad de los años noventa comenzó a cobrar peso en Misiones la intermediación

---

24   Según la Asociación de Productores Agropecuarios de Misiones (APAM) los costos actuales, mantenimiento, cosecha y flete, ascienden a 75 centavos por kilo de hoja verde, por lo cual la ganancia de los productores sería de 15 centavos, ya que el precio vigente (Res.234/11 del MAGyP) es de 90 (Agromañana.com, 20 de julio de 2011). Este cálculo es similar al del INTA y el INYM, que calcularon para el 2007 los costos reales en torno a los 70 centavos por kilo (Gortari, 2007). Es decir, considerando los costos de producción, la ganancia promedio de un productor de baja densidad, 77% del total, alcanzaría los $3.780 anuales.

25   En este sentido, las presiones de los productores derivaron en el otorgamiento de un subsidio de la Nación a entregar a los productores en agosto de este año por $35 millones. Asimismo, el sindicato de trabajadores reclama que el subsidio impacte sobre el salario y las condiciones laborales (Agromañana.com. 29 y 30 de julio de 2011).

laboral que desdibuja la relación patrón/obrero arbitrando sobre las remuneraciones, empeorando las condiciones laborales y restringiendo el poder de negociación de los *tareferos* (Alfaro y Rau, 2005).

La primera transformación de la hoja de yerba mate es el secado y canchado que comprende la recolección del follaje y una serie de operaciones sucesivas. Los secaderos se localizan cerca de las plantaciones habiendo una mayor concentración en Oberá y Apóstoles. Según el INYM, existen en la actualidad unas 244 plantas secadoras de las cuales el 93% se localiza en Misiones y el 7% restante en Corrientes. La mayoría de los secaderos son de tipo barbacuá y de cinta, con procesos de 8 y 5 horas de duración respectivamente. Sólo una pequeña minoría de secaderos son de tubos rotativos o transporte neumático, es decir que se encuentran en óptimas condiciones técnicas y edilicias para operar con buena capacidad tecnológica, lo que repercute en el tiempo de estacionamiento que se reduce a una hora. El precio de la yerba canchada también está regulado, por lo cual los secaderos tienen fijo el costo de la materia prima y el precio de venta.

La yerba mate canchada es la materia prima de las industrias molineras, las cuales adecuan el producto al gusto de los consumidores mediante sucesivas operaciones de clasificación, trituración y mezclas. Si bien los molinos son más de 100, en su mayor parte localizados en las zonas de producción, cuatro procesan el 50% de la producción y diez el 80% (DIAR-DIAS, 2011). Mientras que la distribución territorial de la molienda es 70% en Misiones y Corrientes y el resto en Santa Fe, Córdoba, Buenos Aires y CABA.

Los molinos son el eslabón más concentrado, integrado verticalmente y con acceso al mercado minorista, sólo ocho empresas explican el 97% de las ventas de yerba mate; la empresa líder, Establecimiento Las Marías, acapara el 34% con sus productos Taragüí y Unión, lo que la convierte en el mayor productor de yerba mate del mundo. Por su parte, Molinos Río de la Plata con sus marcas Nobleza Gaucha y Cruz de Malta explica otro 19% del mercado minorista, acumulando entre las dos primeras más del 50% del total (Cuadro 9). Las ocho empresas del grupo dominante del mercado tienen grandes extensiones de tierras con cultivos de alta densidad cubriendo un mínimo porcentaje (alrededor del 30% según datos del INYM) con proveedores independientes. De esta manera ostentan un control casi absoluto de los suministros, tanto por la disponibilidad de su propia producción como por su poder de negociación en relación con los proveedores pequeños y medianos (UCEMA, 2009).

La distribución minorista concentrada (super e hipermercados), como en otras producciones agroindustriales, cierra el circuito ejerciendo una influencia gravitante en los precios y condiciones de pago. Impulsa, a su vez, diversas estrategias de diferenciación de productos y segmentación de mercados siguiendo las tendencias imperantes en los mercados de alimentos.

Cuadro 9. Distribución de ventas de yerba mate en el mercado argentino. 2008.

Grupo	Marcas	Participación en el mercado (%)
Las Marías	Taragüí	23
	Unión	11
Molinos Río de la Plata	Nobleza Gaucha	10
	Cruz de Malta	9
Hreñuk S.A.	Rosamonte	13
J. Llorente y Cía	La Tranquera	12
Florentino Orquera	CBSé	9
Amanda	Amanda	5
Gerula	Romance	5
Otras Marcas		3

Fuente: UCEMA (2009) en base a Departamento de Marketing, Las Marías.

En suma, la ecuación económica productiva de los productores primarios yerbateros se enfrenta al alto nivel de concentración en la compra y elaboración de la materia prima, desde la fase de molienda en adelante. Entre los márgenes con que opera cada uno de los eslabones de la cadena existen fuertes asimetrías sumado a inconvenientes en el pago y cumplimiento de los precios. Mientras que los pequeños productores apenas logran cubrir los gastos operativos, los grandes actores registran importantes márgenes de rentabilidad.

En este contexto, cabe resaltar el impacto del ciclo de políticas desregulatorias implementadas durante la década de 1990. Con anterioridad, la dinámica evolutiva del complejo yerbatero, naturalmente confinada al crecimiento vegetativo de la población nacional, fue regulada a través de mecanismos de intervención sobre la oferta. La CRYM establecía la forma y magnitud de los incrementos de la producción mediante el otorgamiento de autorizaciones a los productores solicitantes. Asimismo, dado el nivel de concentración de empresas elaboradoras del bien final, la CRYM regulaba, mediante un Mercado Consignatario concentrador de la oferta de yerba mate chanchada, los niveles de precio de la materia prima. Los contenidos básicos de este marco regulatorio, pese a ciertos cambios institucionales, se mantuvieron hasta 1991, cuando se disuelve la CRYM y se anulan todos los mecanismos de control desacoplando la oferta de la demanda.

Dada la muy baja inserción externa de este producto,[26] la ausencia de controles derivó en una crisis de sobre oferta a fines de los años noventa, precipitando el precio a un valor de sólo el 10% del promedio de los cinco primeros años de la citada década. Los bajísimos precios llevaron a la tala rasa de yerbatales y su reemplazo por potreros, cultivos anuales o forestación. Dada la importancia de la actividad agrícola yerbatera en la economía de Misiones, se produjo una crisis social de magnitud que derivó en el éxodo de la población rural hacia otras ciudades (Rofman, 2001).

Paralelamente, la desregulación del sector favoreció una rápida concentración de la renta en las ocho empresas industriales mencionadas a las cuales se sumaron luego los hipermercados. Recién a partir de 2002 comenzaron a reestablecerse dispositivos institucionales para regular la actividad, cuya máxima expresión fue la creación del INYM (Ley 25.564). Este organismo es el encargado de fijar los precios de la hoja verde y canchada semestralmente a partir de los valores de venta del bien final al mercado consumidor aunque, en los últimos años, el precio final fue laudado por el MAGyP ante la falta de consenso al interior del INYM.

Entre 2002 y 2011 los incrementos dispuestos en el precio de la yerba mate puesta en secadero y yerba mate canchada se incrementaron en forma casi simétrica, pasando de $135 a $900 por tonelada para la hoja verde y de $500 a $3.300 en el caso de yerba canchada. Los grados de libertad de las grandes empresas integradas respecto del resto de la cadena de valor derivaron en una ecuación económica que motivó la reactivación productiva en los yerbales que, ante la ausencia de un Mercado Consignatario, generó sobre oferta empujando el precio a la baja y perjudicando al primer eslabón de la cadena.[27] Si bien en noviembre de 2009 se aprobó mediante la Ley 26.532 la creación de un Mercado Consignatario que sería financiado

---

26 A los países consumidores de América Latina se suman países del medio oriente como Siria y Libia. Recientemente se han incorporado también Estados Unidos, Chile, Alemania y España.

27 En los últimos tres años la oferta superó a la demanda, incluyendo la externa, por lo cual aumentó el stock en secaderos y molinos alcanzando en diciembre de 2010 al 80% de la producción anual (DIAR-DIAS, 2011).

a través del Banco de la Nación Argentina, éste aún no fue reglamentado. Esto da cuenta de la ausencia de cambios sustantivos que hayan alterado la vulnerabilidad económica de los pequeños productores yerbateros.

Además de los vaivenes coyunturales, derivados de los ciclos de sobre oferta, ciertos procesos productivos en curso sugieren una profunda inquietud latente respecto a su evolución en el futuro. Particularmente, por la presión que ejercen sobre la estructura productiva las nuevas plantaciones, el incremento de cultivos de alta densidad, la renovación de yerbatales deteriorados y el creciente interés comercial por los viveros de yerba mate. A ello se suman las deficiencias en el cumplimiento de los controles y, en un mercado oligopólico, las posibilidades del efecto "captura" por la regulación del precio (Gortari, 2010).

El marco regulatorio vigente no favorece la sustentabilidad de los pequeños productores. Su efecto consiste en igualar el pago por la materia prima ante realidades diametralmente asimétricas derivadas del grado de integración vertical, extensión de los predios, tecnificación y rendimiento. La consecuencia más evidente es que el 77% de los productores que poseen hasta once hectáreas apenas logran cubrir los gastos mínimos de mantenimiento, cosecha y flete, llegando a obtener márgenes brutos prácticamente nulos. Esta realidad contrasta con la renta registrada en los eslabones finales de la cadena.

Consideraciones finales

Los complejos productivos de base primaria que se han caracterizado generan una parte sustancial de la renta en las provincias donde se encuentran asentados y muestran un crecimiento de la producción muy importante en los últimos años. Sin embargo, dada su estructura básicamente extractivo con escasos eslabonamientos hacia adelante y su ligazón a grupos económicos nacionales y trasnacionales extra regionales, especialmente en tabaco y soja, su mejor *performance* no ha derivado en un aumento proporcional del ingreso de los actores locales.

Su expansión se ha dado en el marco de un cambio en el paradigma tecnológico donde la mecanización, los insumos químicos y la escala determinan el rendimiento y rentabilidad de las explotaciones. Estas actividades pasan a estar controladas por grandes productores, integrados verticalmente en el caso de la yerba mate, cuya ecuación económica da por resultado tasas de ganancia muy importantes que no se corresponden con el desempeño de los pequeños productores y la situación de los trabajadores involucrados en estas actividades. En efecto, el nuevo paradigma, perfeccionado con la intermediación laboral y las modalidades de contrato de producción, ha significado el empobrecimiento de los pequeños y, en muchos casos, medianos productores conjuntamente con la clase trabajadora sectorial.

El aumento de la producción fue de la mano de la disminución de la demanda laboral en tabaco y soja generando importantes trastornos en los mercados laborales rurales y urbanos vinculados a las zonas productivas. Por su parte, en yerba mate, las regulaciones tendientes a controlar la oferta y el precio, dado el reducido coeficiente de exportación de la actividad y la estructura oligopsónica del mercado interno, a diferencia de los otros cultivos considerados, tampoco ha contribuido a equilibrar la relación entre los productores; por el contrario, ponen en duda la supervivencia de los pequeños productores ya que se han establecido en función de las dimensiones y características tecnológicas de los grandes.

El dinamismo de la producción tiene como contracara la alarmante tasa de mortalidad de explotaciones pequeñas, la vertiginosa reducción de la demanda de empleo rural y la creciente precariedad de este mercado laboral que presiona crecientemente sobre el urbano. El desenvolvimiento de los últimos años muestra que, como en el caso de los cultivos con encadenamientos industriales, las regulaciones y sus ausencias han aportado más a la continuidad que a la ruptura del modelo consolidado en la década del noventa.

Bibliografía:

Alfaro, M. y Rau, V. (2005) "La conflictividad social en mercados de trabajo rurales intermediados: los casos del mercado de trabajo yerbatero misionero y de la citricultura tucumana", 7mo Congreso Nacional de Estudios del Trabajo, ASET, Buenos Aires.

Aparicio, S. (coord.) (2009a) "Tabaco, mercado de trabajo y cultura en Jujuy", Informe Final, Programa de promoción de la investigación, formación y divulgación sobre riesgos del trabajo, Superintendencia de Riesgo del Trabajo, Buenos Aires.

Aparicio, S. (2009b) "Trabajos y relaciones de trabajo en la producción tabacalera empresarial", *Revista Interdisciplinaria de Estudios Agrarios*, nro. 30, primer semestre, Buenos Aires.

Bisang, R. y Gutman, G. (2005) "Acumulación y tramas agroalimentarias en América Latina", *Revista de la CEPAL*, nro. 87, pp. 115-129, Santiago de Chile.

Brunstein, F. (2010) "Impactos de las actividades productivas y la población sobre el ambiente del Norte Grande", en Gorenstein, S. (coord) "Diagnóstico territorial integral del Norte Argentino", Programa de Fortalecimiento Institucional de la Secretaría de Política Económica, Ministerio de Economía y Finanzas Públicas, Buenos Aires.

Chávez, D. (2010) "La demanda de mano de obra en tabaco Virginia, provincias de Salta y Jujuy", en Neiman, G. (dir.) *Estudio sobre la demanda de trabajo en el agro argentino*. Ediciones Ciccus, Buenos Aires.

Corradini, E; Zilocchi, H.; Cuesta, R.; Segesso, R.; Jiménez, M. J. y Musco, J. (2005) "Caracterización del sector productor tabacalero en la República Argentina", Facultad de Ciencias Agrarias, Centro de Altos Estudios "Jorge Gándara", Universidad Católica Argentina, Buenos Aires.

DIAR-DIAS (Dirección de Información y Análisis Regional-Dirección de Información y Análisis Sectorial) (2011) "El Complejo Yerbatero", Serie Producción Regional de Complejos Productivos, Secretaría de Política Económica, Ministerio de Economía y Finanzas Públicas, julio.

Gorenstein, S. (coord.) (2010) "Diagnóstico territorial integral del Norte Argentino", Programa de Fortalecimiento Institucional de la Secretaría de Política Económica, Ministerio de Economía y Finanzas Públicas, Buenos Aires, Mimeo.

Gortari, J. (2007) "El Instituto Nacional de la Yerba Mate (INYM) como dispositivo político de economía social: medición intrasectorial en la distribución del ingreso, empoderamiento del sector productivo y desarrollo local en la región yerbatera", IADE, Buenos Aires, *Realidad Económica*, nro. 232, pp. 21-31.

Gortari, J. (2010) "La política pública en la economía regional yerbatera: logros, desafíos y conflictos emergentes", ponencia presentada en el II Congreso Internacional de Desarrollo Local, Buenos Aires.

Grupo de Análisis Económico/Dirección de Economía Agraria (2003) "Informe de Productos Regionales. Tabaco", Secretaría de Agricultura, Ganadería, Pesca y Alimentos, Subsecretaría de Economía Agropecuaria, Buenos Aires, Mimeo.

Gutman, G. y Lavarello, P. (2004) "Trayectorias tecno-productivas en sistemas agroalimentarios: los casos de los subsistemas soja y maíz en argentina", ponencia en la XXXV Reunión Anual de la Asociación Argentina de Economía Agraria, Mar del Plata.

Gutman, G. (2000) "Trayectoria y demanda tecnológica en el MERCOSUR ampliado. El caso de oleaginosas: soja y girasol", Proyecto Global, PROCISUR/BID, Buenos Aires.

INTA (2009) "Análisis de la cadena de soja en la Argentina", Estudios Socioeconómicos de los sistemas agroalimentarios y agroindustriales, nro. 3, Buenos Aires.

Neiman, G. (2010) "Las condiciones técnicas, sociales y laborales de la demanda de trabajo en el agro argentino", en Neiman, G. (dir.), *Estudio sobre la demanda de trabajo en el agro argentino*. Ediciones Ciccus, Buenos Aires.

Rau, V. (2009) "La yerba mate en misiones (Argentina): Estructura y significados de una producción localizada", *Agroalimentaria*, vol. 15, nro. 28, pp. 49-58, junio.

Re, D. y Diez, C. (2010) "El Complejo Agroindustrial Tabacalero. Un análisis sobre las transformaciones socio productivas en las provincias argentinas de Jujuy y Misiones", Ponencia presentada al VIII Congreso Latinoamericano de Sociología Rural, Porto de Galinhas, PE, Brasil. 15 al 19 de noviembre.

Re, D. (2007) "La producción tabacalera en Jujuy. Mercado de trabajo y productores medios", Ponencia presentada en ALAST, Montevideo, Uruguay.

Reboratti, C. (2010) "Un mar de soja: la nueva agricultura en Argentina y sus consecuencias", *Revista de Geografía Norte Grande*, nro. 45, Santiago de Chile.

Rofman, A. (2001) "Las economías del interior. Una estrategia para enfrentar la crisis", *Revista Enoikos*, nro. 19, Facultad de Ciencias Económicas, UBA.

Rofman, A.; García, A; García, L.; Lampreabe, F.; Rodríguez, E y Vázquez Blanco, J (2008) "Subordinación productiva en las economías regionales de la posconvertibilidad", *Revista Realidad Económica*, nro. 240/241, pp. 97-132, IADE, Buenos Aires.

SAGPyA (2001) "Diagnóstico de la región yerbatera".

Slutzky, D. (2005) "Los conflictos por la tierra en un área de expansión agropecuaria del NOA. La situación de los pequeños productores y los pueblos originarios", *Revista Interdisciplinaria de Estudios Agrarios*, nro. 23, pp. 59-100.

Teubal, M. (2006) "Expansión del modelo sojero en la Argentina. De la producción de alimentos a los commodities", *Revista Realidad Económica*, nro. 220, Buenos Aires.

UCEMA (2009) "Factores de éxito de una empresa yerbatera", octubre.

Varesi, G. (2010) "El circuito productivo sojero argentino en el modelo posconvertibilidad. Una aproximación desde el enfoque de análisis regional", *Cuadernos del CENDES*, año 27, nro. 74, Tercera época, mayo-agosto.

Capítulo IV
Políticas de promoción económica en el norte argentino

Martín Schorr y Silvia Gorenstein

Las grandes orientaciones de las políticas de desarrollo regional implementadas en Argentina, con sus importantes vaivenes teórico-políticos, han sido abordadas en la introducción de esta obra. Un análisis estilizado permite reconocer tres grandes períodos: el de la preeminencia del enfoque "desarrollista", con intervenciones orientadas por objetivos de redistribución del crecimiento hacia las regiones periféricas; la etapa de la hegemonía del neo-liberalismo y la desarticulación del andamiaje anterior en materia de políticas sectoriales/regionales; y por último, desde fines de la década de 1990, incluyendo el período de la post-convertibilidad, con una progresiva y ascendente presencia de la problemática del desarrollo territorial en la agenda pública[1].

La reinstalación de la problemática regional, sin embargo, no puede disociarse de los efectos generados por los lineamientos impuestos por el *Consenso de Washington*, con la consecuente aplicación de las políticas de ajuste estructural (apertura y liberalización económica; privatización de las empresas e infraestructura pública; descentralización del Estado). Dentro de estos cambios económicos e institucionales, tres de ellos son particularmente importantes para la región que interesa en esta obra.

---

1   Estas políticas incorporan la noción de Desarrollo Económico Territorial (DET) como un proceso endógeno sustentado en iniciativas locales. En este sentido, el estudio de Costamagna (2007: 20) registra la presencia del discurso favorable al DET en todos los niveles del sector público, tanto nacional como provincial y municipal, conformando "un gran marco de referencia de los planes con intervención local", si bien se implementa básicamente desde programas sectoriales (empleo, PYMES, emprendimientos sociales).

Uno está asociado con el proceso de descentralización del Estado, que en los años 1990 estuvo orientado a concluir la transferencia hacia la órbita de los gobiernos provinciales de la educación, salud, provisión de agua y otros servicios públicos. Esta política, esencialmente impulsada por motivaciones fiscales, refleja la intención deliberada del gobierno nacional de liberar recursos a su favor y, particularmente, en materia de salud y educación,[2] se convertirá en una prueba elocuente de la profundización de las disparidades regionales resultante del proceso descentralizador (Anlló y Cetrángolo, 2007).

El segundo cambio institucional comprende al marco jurídico que regula la explotación de los recursos naturales. La Constitución Nacional de 1994 establece que "corresponde a las provincias el dominio originario de los recursos naturales existentes en su territorio" (Art. 124). Los Estados provinciales conservan todo el poder no delegado al Gobierno Federal, así como aquél que se hubiesen reservado por medio de pactos especiales.[3] En este contexto se ubican las normativas específicas para dos de los sectores que han logrado aumentos significativos de inversión extranjera directa –la minería y la explotación de bosques–,[4] otorgando seguridad jurídica, desgravaciones impositivas, facilidades extendidas para la remisión de utilidades al exterior, y limitando las regalías que perciben las provincias productoras.

Lo anterior remite nuevamente a la propuesta de descentralización, no como mecanismo de ajuste fiscal sino como argumento teórico-político. Se sostiene que las ventajas de este proceso radican en la mayor capacidad de decisión que adquieren los territorios subnacionales, paradójicamente "en el mismo momento en que la globalización económica (a escala inter e intranacional) está provocando una progresiva e irreversible reducción de la autonomía decisoria territorial en materia de acumulación y crecimiento" (de Mattos, 2010: 198). De hecho, el fenómeno más destacable en el norte del país, es el ostensible sesgo inversor hacia el aprovechamiento

---

2   En el capítulo VI de esta obra se profundiza en esta línea analítica, reflejando el comportamiento de diferentes indicadores sociales, las heterogeneidades entre las provincias del norte del país y entre la propia estructura urbana y rural de las mismas.

3   La excepción la constituyen aquellos recursos que en forma expresa hubieran sido transferidos constitucionalmente a la Nación.

4   Básicamente, la Ley de Inversiones Mineras (24196) y la Ley modificatoria (25161), sancionada en 1999; Ley de Reordenamiento Minero (24224); Acuerdo Federal Minero y la modificación de la Ley de Inversión Extranjera (21382), y la Ley de Inversiones Forestales (2004) que se encuadra en el Régimen de Promoción de Plantaciones Forestales establecido a mediados de la década de 1990 (ver capítulo II).

de sus recursos naturales, con todas las implicancias que esto tiene sobre el perfil y la dinámica empresariales, la distribución y el destino de los excedentes generados.[5]

Una tercera línea de cambio económico-institucional tiene que ver con la Ley de Entidades Financieras, sancionada durante la dictadura militar de 1976-1983, y un amplio dispositivo normativo complementario puesto en marcha en los años posteriores, al calor de la hegemonía neoconservadora de los noventa. Se trata de un elemento clave en la explicación de la dinámica del financiamiento económico y los rasgos constitutivos de su performance (sectorial/regional) que persiste hasta la actualidad.

Con estas referencias, en lo que sigue se analizan las características más relevantes y las implicancias regionales del esquema de apoyo estatal instrumentado en el período reciente. Esta visión, si bien acotada en uno de los componentes, el financiamiento, ofrece algunos elementos de juicio referidos a la dicotomía existente entre la intensidad y la generalización del discurso público sobre el desarrollo regional y la efectividad y los sesgos de las intervenciones estatales implementadas. A los efectos de contextualizar este análisis, previamente se introducen unas breves consideraciones sobre la problemática del financiamiento en la Argentina.

1. El Sistema financiero y el financiamiento a la producción

Dado el patrón de funcionamiento del sistema financiero en las últimas décadas, uno de los ejes distintivos del país es la baja ponderación de los préstamos bancarios a los sectores productivos y, en ese marco, el hecho de que el financiamiento se encuentra fuertemente sesgado en términos de actores y regiones y, en consecuencia, también de actividades económicas.

Se trata de un factor clave en la explicación del proceso, iniciado a mediados del decenio de los setenta y afianzado en fases crecientes hasta la actualidad, de conformación de una estructura productiva caracterizada por una elevada concentración económica con eje en una acelerada reprimarización del perfil de especialización e inserción internacional, y una

---

5   En el capítulo II se han identificado las repercusiones específicas del marco normativo en el complejo forestal y del azúcar, con incentivos para la producción de biocombustible. Este fenómeno se expresa, asimismo, en las inversiones y anuncios de nuevos proyectos mineros (Catamarca, Jujuy y Salta), y en hidrocarburos (Formosa, Salta).

distribución del ingreso muy regresiva tanto *entre* regiones y provincias, como *dentro* de las mismas.[6]

Al respecto, la participación de los créditos al sector privado no financiero en el PBI constituye un indicador apropiado. Los datos proporcionados por el Cuadro 1 permiten concluir que, avanzado el período de recuperación de la profunda crisis que marcó el fin de la convertibilidad, en el año 2008 el coeficiente era menor al 14% (aproximadamente diez puntos porcentuales más bajo que en 2000). En ambos casos se trata de valores que, por su ínfimo nivel, contrastan notablemente con los vigentes en otros países, no sólo del centro, sino también de América Latina (Brasil y Chile) y de la periferia que en las últimas décadas han experimentado procesos vigorosos de industrialización y cambio estructural (tales los casos, con sus variantes y especificidades, de Corea y China).

Cuadro 1. Evolución de créditos al sector privado en una muestra de países, 2000, 2005 y 2008 (en porcentajes del PBI).

	2000	2005	2008
Argentina	23,9	11,7	13,6
Brasil	33,0	31,4	55,7
Chile	73,6	80,3	85,0
Alemania	118,6	111,6	107,7
Francia	85,0	92,2	107,9
China	112,3	114,3	108,3
Corea	87,4	95,1	109,1

Fuente: Elaboración propia en base a datos del Banco Mundial.

En el caso argentino, del total de créditos otorgados a los sectores productivos, apenas alrededor de una cuarta parte se destina a apalancar proyectos de pequeñas y medianas empresas (pymes), con un rol destacado en este aspecto de los bancos cooperativos y la banca pública nacional (Cuadro 2). El resto se concentra fundamentalmente en un puñado de grandes firmas y grupos económicos de capital nacional y extranjero, es decir, en torno de las fracciones del capital que controlan los resortes de la economía nacional y definen, de modo decisivo y en muchos casos creciente, las lógicas de acumulación y reproducción prevalecientes en los niveles provincial y regional a partir del liderazgo que ejercen en los principales complejos productivos.

---

6   Una visión de largo plazo de estas tendencias puede encontrarse en Azpiazu y Schorr (2010).

Cuadro 2. Argentina. Participación de la cartera pyme en los créditos al sector privado según tipo de banco, 2009 (en porcentajes).

	%
Bancos públicos	*30,3*
- nacionales	34,4
- provinciales y municipales	26,6
Bancos privados	*24,9*
- de capital nacional	26,9
- de capital extranjero	19,5
- cooperativos	61,4
- suc. entid. financ. del exterior	15,4
Total bancos	**26,3**

Fuente: Elaboración propia en base a datos del CEFID-AR.

De todas maneras, en esa muy reducida financiación al segmento de las pymes, cabe apuntar que ha sido un número acotado de empresas el que ha logado fondearse; ello, dadas las "rigideces" características del sistema financiero doméstico, entre otras, en materia de garantías, requisitos de acceso y perfil de los instrumentos existentes. Se trata, en su mayoría, de pymes de cierta envergadura (más medianas que pequeñas), con un relativamente elevado componente de formalización de sus actividades, que están ubicadas en las zonas productivas más prósperas de las distintas provincias y regiones (en lo económico, lo productivo y en lo atinente a las condiciones agro-ecológicas, territoriales, de infraestructura, etc.), y que poseen una vinculación más o menos estrecha con los núcleos productivos predominantes. De esto se sigue que existe una cantidad considerable de pymes que no se constituye como "sujeto de crédito", no por la falta de proyectos de inversión, sino porque por diversas razones no reúne los requisitos exigidos por los bancos (tamaño patrimonial reducido, informalidad, inserción sectorial, ausencia de garantías "adecuadas", etc.).

La dinámica señalada ha operado en el sentido de reforzar las tendencias a la concentración económica, la centralización del capital y la segmentación del tejido pyme y, adicionalmente, las inequidades que se manifiestan en la distribución del ingreso *entre* regiones y provincias, así como *dentro* de las mismas. Las evidencias registradas en el Cuadro 3 son contundentes: en 2008, más del 90% de los préstamos otorgados por las entidades financieras a las actividades económicas se concentró en la región centro del país; en dicho contexto, la participación de las provincias cuyanas fue del 2,2%, la de las patagónicas del 2,1%, la de las del NOA del 2,3% (con un peso gravitante de Tucumán y Salta) y la de las del NEA del 1,7% (con un rol decisivo de Chaco y Misiones).[7]

Cuadro 3. Argentina. Distribución de los préstamos otorgados por las entidades financieras a las distintas actividades económicas* según regiones y provincias, 2008 (en porcentajes).

	Total Préstamos
Centro	91,64
Cuyo	2,23
Patagonia	2,14
NOA	2,33
NEA	1,66
Total	**100,00**

* Incluye los préstamos a la producción primaria, la industria manufacturera, la provisión de electricidad, gas y agua, la construcción, las actividades comerciales y el resto de los servicios.
Fuente: Elaboración propia en base a información del BCRA.

En estas dos últimas regiones, las de mayor rezago relativo del país, el grueso del crédito se canalizó hacia los sectores que conforman los "nuevos" y muchos de los "viejos" (pero actuales) núcleos provinciales de especialización productiva e importantes plataformas de exportación: hidrocarburos y minerales, soja y derivados, industria azucarera, producción citrícola, olivicultura, tabaco, yerba mate y producción tealera, entre los rubros más relevantes. Es decir, las actividades productivas con una presencia determinante de grandes capitales extranjeros y nacionales (en numerosos casos extra-provinciales), que tienen un ciclo de acumulación y reproducción cuya realización suele darse fuera el territorio provincial (con epicentro en los mercados de las provincias centrales) y, en una proporción variable según la actividad, de las propias fronteras nacionales.

De ello se sigue otra conclusión relevante: el rol central que le cabe al desenvolvimiento del sistema financiero (y al *corpus* normativo "ordena-

---

7   A los efectos de facilitar la lectura del material estadístico que se recopiló para este trabajo, en los cuadros que siguen se realizó la siguiente clasificación de las regiones: *Centro* (Ciudad Autónoma de Buenos Aires y las provincias de Buenos Aires, Córdoba, Entre Ríos, La Pampa y Santa Fe); *Cuyo* (Mendoza, San Juan y San Luis); *Patagonia* (Chubut, Neuquén, Río Negro, Santa Cruz y Tierra del Fuego); *NOA* (Catamarca, Jujuy, La Rioja, Salta, Santiago del Estero y Tucumán); *NEA* (Chaco, Corrientes, Formosa y Misiones).

dor" de dicha *performance*) en el afianzamiento de una estructura productiva estrechamente vinculada al procesamiento de recursos naturales, con todo lo que eso supone en términos de inserción del país en la división internacional del trabajo y la dinámica del mercado de trabajo, los salarios y la distribución del ingreso (tanto la funcional como la que se manifiesta en el interior de las distintas cadenas productivas)[8]. En otras palabras, se trata de un sistema financiero para nada proclive a promover procesos de desarrollo económico y cambio estructural, en tanto coadyuva a fortalecer y, por ende, consolidar las estructuras productiva, territorial y de poder económico existentes.

En función de los sesgos resultantes de este *peculiar* comportamiento del sistema financiero doméstico en lo productivo, lo regional/provincial y lo empresarial, cobra interés analizar con cierto detenimiento los efectos que en ese sentido se desprenden de los diversos instrumentos públicos existentes de apoyo al "desarrollo regional".

2. Las políticas nacionales de promoción productiva

Frente a la mayor relevancia otorgada en los años recientes a la problemática del desarrollo regional –desarrollo económico territorial (DET), según la nueva terminología–, es insoslayable reparar en dos cuestiones. La primera es que las diversas instancias gubernamentales con incumbencia en la materia han operado, por lo general, con escaso presupuesto (en muchos casos con recursos procedentes de organismos multilaterales de crédito)[9], una bajísima coordinación entre sí y con las medidas instrumentadas en el nivel macroeconómico, y una ostensible falta de continuidad por efecto de la ausencia de definición de ejes estratégicos y la inestabilidad institucional reflejada en múltiples dimensiones. La segunda es que, más allá de la dinámica descentralizadora instalada en las dos últimas décadas, en materia de promoción productiva las provincias disponen y/o destinan muy pocos recursos propios y, cuando lo hacen, el esquema promocional

---

8   Sobre el particular, véase Arceo y Schorr (2008) y CENDA (2010).

9   Al respecto, cabe mencionar al programa de Desarrollo e Integración del Norte Grande, implementado desde el Ministerio de Economía y Finanzas de la Nación con fondos integrados con préstamos del BID (20 millones de dólares), que comenzaron a ejecutarse en enero del año 2009. Sus ejes de intervención en materia de infraestructuras y de promoción productiva ponen el acento en la vinculación geográfica (NEA y NOA), interconexión energética y en el fortalecimiento o creación de ventajas competitivas desde una perspectiva exportadora.

no difiere mayormente del prevaleciente en el ámbito nacional. De allí que revista importancia analizar los aspectos e implicancias sobresalientes de los principales programas del gobierno nacional orientados a sectores productivos y/o empresariales que pueden constituirse en fuentes para el apalancamiento de proyectos productivos en estas provincias y regiones.

En el cuadro siguiente, se sistematizan las políticas públicas nacionales con particular incidencia en la estructura productiva de la región[10]. Los programas son mayoritariamente sectoriales y apuntan a la promoción de la producción primaria (minería, bosques, tabaco), el apoyo particularizado a pequeños productores familiares del NEA y NOA[11], infraestructura rural, asistencia financiera a micro y pequeñas empresas manufactureras, y ciertos fondos orientados a la asistencia tecnológica. Pero, más allá de la orientación específica de estos programas, lo interesante es ver cómo a partir de los instrumentos de implementación se vuelven a replicar los condicionantes que conforman la división regional del financiamiento renovando las divergencias inter e intra regionales que observáramos en el acápite anterior.

---

10   Cabe señalar que no se contemplan las políticas sociales, mayoritariamente aplicadas desde el Ministerio de Desarrollo Social, que dadas las características de la estructura poblacional de las provincias del norte tienen una presencia significativa y creciente en los últimos años.

11   Los minifundistas y/o pequeños emprendimientos de familias rurales han sido atendidos, con interrupciones y montos muy reducidos, por el Programa de Crédito y Apoyo Técnico para Pequeños Productores Agropecuarios del Noreste Argentino (PPNEA), con financiación FIDA-BID desde el año 1992, reemplazado actualmente por el PRODERNEA. En el año 2003 se inauguró el PRODERNOA, con características similares al anterior (Manzanal *et al.,* 2009; Craviotti y Soverna, 2008).

Cuadro 4. Norte Argentino. Programas nacionales de promoción productiva.

Programa	Sector / Destinatario	Tipo de asistencia
Promoción de la Minería	Minería	Reintegro de Inversión
Ley de bosques	Bosques	Reintegro de Inversión
Fondo Especial del Tabaco	Tabaco	Subsidio a la Producción vía Precios
Programa de Servicios Agropecuarios (PROSAP)	Infraestructura Rural Servicios agrícolas / Asociación de productores Cadenas productivas	ANR – Crédito Internacional
Promoción de Economías Regionales	Agropecuario	Subsidio de Tasa de Interés
PRODERNEA y PRODERNOA	Agricultura Familiar de las regiones del NEA y NOA	ANR – Crédito Internacional
Programa de Desarrollo Empresarial	MIPYMES	ANR
Programa de Bonificación de Tasas y Sociedad de Garantías Recíproca.	MIPyMES	Subsidio de Tasa de Interés y Garantías.
BANCO NACIÓN	PYMES	Línea Especial de Crédito
FONTAR	Desarrollo Tecnológico / PYMES	Crédito Fiscal, ANR y Líneas de Crédito

ANR: Aportes no Reembolsables.
Fuente: Elaboración propia en base a información oficial.

El Cuadro 5 muestra una incontrastable concentración de la asistencia
en las provincias centrales. Los programas con más fondos otorgados,
la línea 400 del Banco Nación, la Sociedad de Garantías Recíprocas y
el Fondo Tecnológico Argentino (en sus diversas líneas), presentan una
concentración en la región centro que oscila entre un 79% y 91%, rele-
gando a las provincias del norte a recibir sólo entre un 5% y un 9% de
los mismos.

Cuadro 5. Programas de financiamiento productivo nacional según organismo. 2009 (en porcentaje).

Organismo	Min. Agricultura, Ganadería y Pesca		Subsec. De la Pequeña y Mediana Empresa y Desarrollo Regional – Min. Turismo y Producción				Banco Nación		Min. Ciencia y Tecnología
Programa / Regiones	Bonificación de tasa	ANR Prosap	Bonificación de tasa	SGR	Crédito fiscal	PDE	Línea 400	PRODER	Fondos Fontar
Centro	79,8	33,3	54,4	91,7	77,7	60,4	80,1	59,8	79,2
Cuyo	3,0	27,0	7,5	1,8	3,5	4,8	5,6	5,7	8,7
Patagonia	7,3	9,0	8,4	1,0	4,0	12,8	4,8	7,7	4,3
NOA	4,3	6,8	20,9	4,8	10,0	5,9	5,4	17,5	4,4
NEA	5,6	23,9	8,8	0,8	4,8	16,0	4,0	9,2	3,4
Total	100,0	100,0	100,0	100,0	100,0	100,0	100,0	100,0	100,0
Monto en Millones de $	34	21	113	1.421	12	2	4.500	57	1.118*

* Montos correspondientes al período 2003-2009, con un promedio anual del orden de los 150 millones de Pesos.
Fuente: Elaboración propia en base a información oficial.

En cuanto a la "Línea 400", si bien se trata de una línea crediticia que, por diversas razones (plazos y costo financiero, entre las más salientes), ha resultado "atractiva" para el segmento de compañías al que está destinada, no deja de tener ciertas "rigideces tradicionales" (por ejemplo, en materia de garantías, requisitos de formalidad, etc.) que han terminado sesgando el acceso a la misma, tanto en términos regionales/provinciales como en materia empresarial. De acuerdo a la información recabada, a fines de 2009 más del 80% del monto total financiado se concentró en la región centro y se volcó mayoritariamente a firmas medianas que se desenvuelven en el sector agropecuario (esta actividad representó más de la mitad, mientras que la industria manufacturera significó menos de la quinta parte). En ese marco, las provincias del NOA (lideradas por Tucumán y Salta) acapararon, de conjunto, algo más del 5% del financiamiento total y las del NEA el 4% (fundamentalmente a partir de las colocaciones realizadas en Misiones y Corrientes).

En estas dos regiones, como en las restantes, este programa ha tendido a beneficiar a un grupo reducido de empresas, mayormente de medianas y grandes dimensiones, con un alto componente de formalización de sus actividades, una importante presencia en las provincias y regiones de

     ¿Crecimiento o desarrollo? El ciclo reciente en el norte argentino

mayor desarrollo relativo y, dentro de las más pobres, en los vectores productivos ordenadores de las respectivas lógicas provinciales de acumulación en los que estas firmas suelen estar insertos[12]. En otras palabras, pese a lo "atractivo" de la línea y los cuantiosos fondos destinados, se han reforzado los procesos de segmentación del tejido pyme y de la estructura productiva *entre* y *dentro* de las provincias y regiones del país.

El sesgo a favor de la región centro del país y de cierto segmento de empresas y productores también se corrobora cuando se analiza la distribución de los fondos de los otros dos programas. Por su parte, los recursos comprometidos para el estímulo a actividades productivas y el desarrollo de capacidades tecnológicas por parte del Fontar, muestran no solo una evidente concentración regional en el Centro, sino que los beneficiarios de este programa constituyen un grupo relativamente acotado de empresas que, en su mayoría, se integran directa o indirectamente a los "nuevos" y muchos de los "viejos" núcleos dinámicos de la actual conformación productiva de las distintas provincias[13]. Por otro lado, y registrando una concentración aún mayor, el programa de Sociedades de Garantías Recíprocas presenta en última instancia la misma segmentación crediticia según regiones y perfiles empresarios que caracteriza al sistema financiero argentino.

El resto de los programas repiten, o bien los grados de concentración regional, el sesgo empresarial, o ambos, lo que permite concluir que el fomento público nacional al norte del país, vía diversos programas de apoyo a la producción y empresarialidad, ha contribuido mucho más a afianzar las inequidades estructurales y su correlato en materia productiva (la reprimarización), que a operar en el sentido contrario y, por esa vía, promover una distribución del ingreso más equitativa entre actores y regiones. Sin duda, las coordenadas que rigen el financiamiento, asimilable al de la banca privada, tienen una poderosa influencia en estos resultados.

Mención especial merece el PRODER del Banco Nación, que a partir del reconocimiento de las "rigideces" habituales que suelen enfrentar las pequeñas unidades económicas (productores, empresas y cooperativas) y la definición de una metodología de trabajo novedosa e "innovadora" en la asistencia a los demandantes de financiamiento, ha logrado revertir

---

12   Al respecto, un trabajo reciente que evalúa experiencias de apoyo a clusters regionales en Chile, advierte sobre el sesgo que suelen tener las decisiones públicas (nacionales, locales) hacia los núcleos de actividad más dinámicos y competitivos, donde predominan los grandes empresarios más que las pymes (Moguillansky, 2010: 15).

13   Organismo dependiente del Ministerio de Ciencia, Tecnología e Innovación Productiva.

ciertas tendencias. En primer lugar, alcanzó a productores con un perfil en muchos aspectos diferente al de la "Línea 400" (más pequeños, con menor solvencia financiera y patrimonial para los parámetros habituales, etc.).

En segundo término, aumentó el peso relativo de las provincias del norte y se registró un cambio en los sectores promocionados. En el NOA sobresalen varios proyectos de pymes tucumanas y, en menor medida, jujeñas para la instalación de parques industriales, compra de insumos y maquinarias para minifundistas cañeros, pequeños productores frutilleros y apícolas, adquisición de equipamiento para telecomunicaciones e informática y la provisión de servicios médicos, entre otros. En el NEA, bajo el liderazgo de Corrientes y, en menor grado, Misiones, se destacan proyectos de financiamiento patrocinados por unidades económicas de características similares a las del noroeste en diversas actividades económicas: servicios eléctrico e informático, producción hortícola, citrícola y ganadera.

Así, a favor de una mayor flexibilidad en el diseño instrumental, el BNA ha logrado, a través del PRODER, una mejor cobertura territorial (más diversificada) y brindar asistencia a un segmento de productores distinto del habitual. Si bien se trata de una línea insignificante en términos de la estructura de la entidad, este programa es un ejemplo interesante a tener en cuenta de cara a la definición de lineamientos estratégicos para el desarrollo regional. Básicamente, porque de los resultados obtenidos hasta el presente por el PRODER se desprende que la puesta en marcha de líneas de asistencia que den cuenta de las posibilidades y las limitaciones *reales* que suelen afrontar los "sujetos no tradicionales de crédito" y la definición de un esquema de intervención que parta del reconocimiento de dicha situación, son condiciones necesarias, aunque para nada suficientes, para empezar a desandar la segmentación del entramado pyme de la Argentina y las desigualdades que se manifiestan en los niveles *inter* e *intra* regional y provincial.

Por último, las evidencias suministradas por el Cuadro 6 eximen de mayores comentarios: más del 55% de los fondos destinados por el Ministerio de Trabajo a la promoción de actividades productivas es captado por las provincias del norte (en forma preponderante por pequeños productores que, por todo lo señalado, generalmente no hallan cobijo en otros programas del gobierno nacional).

De allí una de las grandes "paradojas" del caso argentino: en los hechos, ante las ostensibles dificultades para usufructuar los instrumentos disponibles (que en muchos casos definen explícitamente entre sus objetivos la preocupación por el "desarrollo regional"), los productores de las provincias más relegadas (sobre todo los de menores dimensiones, que son predominantes en dichos ámbitos) terminan apalancando sus proyectos de inversión a través de diferentes líneas de asistencia de los Ministerios de Trabajo y Desarrollo Social.

Cuadro 6. Ministerio de Trabajo, Empleo y Seguridad Social de la Nación. Promoción de actividades productivas según regiones y provincias, datos correspondientes al período 2003-2009 (en porcentajes).

	Fondos MTSS*
Centro	34,8
Cuyo	6,7
Patagonia	3,3
NOA	31,2
NEA	24,0
Total	**100,0**

* Incluye las transferencias a provincias en concepto de: "empleo en obra pública local con aporte de materiales"; "insumos y herramientas para emprendimientos productivos"; "acuerdos territoriales de promoción del empleo en municipios"; y "acuerdos con microregiones" (monto total: 472 millones de pesos).
Fuente: Elaboración propia en base a información oficial.

3. Las políticas provinciales de promoción productiva

Frente a lo exiguo de sus presupuestos, y su compleja situación económico-financiera, las provincias del NOA y el NEA suelen atender la problemática del desarrollo productivo a partir de fondos provistos por el gobierno nacional[14] y/o, a través de éste, por organismos internacionales de financiación[15]. No obstante, todas disponen de algunos programas específicos de alcance provincial a los que suelen destinar proporciones muy reducidas, si no marginales de sus recursos. Si bien no se cuenta con información suficiente en cuanto al grado de ejecución de estos instrumentos,

---

14 Los aportes del gobierno nacional, incluyendo coparticipación, transferencias corrientes y de capital representaron entre el 73% y 89% de los recursos provinciales del año 2009, considerando las provincias agrupadas en el NEA y NOA (Informe de Coyuntura Regional Nro. 2, Ministerio de Economía y Finanzas, 2011).

15 Con los sesgos ya apuntados en cuanto a las características de los instrumentos y sus implicancias sobre las respectivas dinámicas de acumulación, las estructuras productivas y empresariales, y la distribución del ingreso en diferentes aspectos.

ni a sus efectos en términos de dinámica estructural, la sistematización de los mismos permite delimitar cuatro grandes modalidades de asistencia.

En primer lugar, por su envergadura e impactos, se destacan los regímenes de promoción a la inversión mediante diversos tratamientos preferenciales para los inversores, fundamentalmente de naturaleza impositiva y fiscal. Tales son los casos de los esquemas implementados en Corrientes, Catamarca y Santiago del Estero. Se trata de regímenes que han tendido a favorecer, a través de subsidios, a un núcleo acotado y privilegiado de productores y empresas, en su mayoría de grandes dimensiones, de procedencia extra-provincial y con inversiones de envergadura para los parámetros provinciales habituales (en algunos casos, como la minería catamarqueña, se trata de montos muy elevados). Las evidencias disponibles indican que los emprendimientos amparados en estos esquemas han tenido resultados más o menos relevantes sobre la estructura y la dinámica económica de las provincias (en términos de perfil productivo, creación de empleo, tributación y otros ingresos para las arcas públicas, etc.). Sin embargo, no se debería soslayar la bajísima (si no nula) capacidad (o voluntad) de los respectivos gobiernos para establecer y hacer cumplir ciertas metas de desempeño por parte de los capitales favorecidos en materia ocupacional, medio-ambiental[16], de desarrollo de proveedores locales, etc. A raíz de las inversiones y los diversos efectos de las mismas, estos actores han pasado a detentar un significativo poder de veto sobre el funcionamiento gubernamental[17].

En segundo lugar, casi todas las provincias cuentan con distintas líneas de asistencia financiera: créditos "blandos" a ciertas actividades, bonificación de tasas de interés, atención a demandas puntuales (labores culturales, capital de trabajo, inversiones, construcciones, etc.), orientadas básicamente a productores y empresas en condiciones de acceder a financiamiento bancario.

En tercer lugar, se pueden encontrar instrumentos de apoyo a requerimientos puntuales, muchas veces críticos para actividades específicas,

---

16 Particularmente en el caso de la minería, el accionar de los gobiernos provinciales se tradujo en la entrega de diversas concesiones, incluso en zonas donde, además de la cuestión ambiental, se disputan usos alternativos del suelo (Manzanal y Villarreal, 2010).

17 Dentro de estos sesgos, vale mencionar el uso discrecional que los gobiernos provinciales (y el nacional) suelen realizar en materia de compras estatales, obras públicas, etc. (por lo general, las compañías que resultan favorecidas en las licitaciones son de grandes dimensiones, en muchos casos de capital extranjero con fuerte y variado apoyo de sus gobiernos).

generalmente asociados a micro y pequeñas unidades de producción, en particular del sector primario.[18] Ello, por ejemplo, mediante aportes no reintegrables o directamente la entrega de elementos indispensables para garantizar el ciclo productivo en algunas de sus diferentes etapas (semillas, fertilizantes, herramientas de trabajo, etc.).

En cuarto lugar, son varias las provincias que cuentan con mecanismos de apoyo de tipo horizontal en materia de capacitación y diversas formas de asistencia técnica. Por último, si bien algunas provincias han definido planes estratégicos a mediano-largo plazo estructurados sobre la base de estudios prospectivos, cabe destacar que los distintos instrumentos sistematizados han tenido un impacto muy reducido en términos de redefinición de los respectivos perfiles productivos, afianzando en consecuencia una estructura fuertemente volcada a los recursos básicos y su procesamiento. Ello refuerza las conclusiones a las que se arribó al analizar los sesgos que subyacen en la intervención del gobierno nacional.

Síntesis y conclusiones

Dos tipos de reflexiones se desprenden de los instrumentos para promoción productiva que se están implementando en el norte del país. Por un lado, la escasa magnitud de los fondos que, paradojalmente, se destinan a las provincias más rezagadas; por otro lado, dado sus características, los instrumentos utilizados contribuyen al statu quo (productivo, performance empresarial) y, en términos más generales, al esquema de acumulación y distribución de ingresos existente.

Los desarrollos que anteceden son indicativos de algunas de las *peculiaridades* de las políticas públicas nacionales orientadas al DET, las que no suelen ser debidamente ponderadas en la discusión política y académica. Más allá de los objetivos señalados en el plano discursivo, se observa:

* la presencia de una especie de círculo vicioso del financiamiento que refuerza el mapa de desigualdades territoriales del país. De los diferentes mecanismos de promoción instrumentados a nivel nacional en los últimos años, salvo el caso de la nueva línea de financiamiento del Banco Nación (PRODER), el norte ha captado en conjunto menos del

---

18 Algunos proyectos locales cuentan con financiamiento internacional. Por ejemplo, en la Quebrada de Humahuaca la Fundación Monsanto y la Agencia Española de Cooperación Internacional, financian la recuperación de un cultivo autóctono (papa andina) (Arzeno y Troncoso, 2010: 234).

10% de los fondos mientras que las provincias de la región pampeana canalizaron entre el 60 y 80% de los mismos;

- este sesgo también está presente en programas más específicos (FON-TAR; Complejos Productivos) estrechando aun más los márgenes de maniobra en materia de política económica en los territorios más rezagados;
- los requisitos de accesibilidad a los instrumentos de apoyo (subsidio de tasa, régimen de garantía recíproca, crédito fiscal sujeto a plantel laboral formalizado, reembolsos sobre inversiones efectuadas con aportes propios, entre los más importantes) contrastan con la débil performance empresarial que, en general, tipifica el funcionamiento de los entramados productivos locales de estas provincias;
- lo anterior se traduce en la preeminencia de distintas opciones de fondos asistenciales nacionales como única vía de acceso al financiamiento para pequeños productores y/o microempresarios urbanos. A los fondos provistos desde el Ministerio de Trabajo se suman los dos programas –PRODERNEA y PRODERNOA– que, con ciertas interrupciones y algunos cambios operativos, se vienen implementando hace cierto tiempo. Proveen, básicamente, pequeños subsidios para equipamiento, capital de trabajo, gestión comercial y/o capacitación que por su magnitud y alcance están lejos de poder revertir las raíces de su debilidad económico-empresarial.

De este modo, más que contribuir a desandar los desequilibrios y las inequidades históricas en la materia, los programas promocionales han tendido a favorecer a los productores y las empresas de las provincias y las regiones centrales, potenciar la concentración económica y la segmentación pyme, así como a afianzar estructuras productivas muy afincadas en las ventajas comparativas asociadas a la constelación local de recursos naturales.

Las múltiples evidencias disponibles indican que el problema no pasa, como se suele afirmar, por la falta de proyectos de inversión o de fondos públicos para financiarlos (aunque no puede desconocerse que éstos son escasos, sobre todo si se los coteja con los que se destinan a distintos mecanismos de asistencia a los grandes capitales), sino fundamentalmente por los déficits en el diseño de las líneas de fomento existentes para dar cuenta del "mundo real" de las economías regionales. Existen proyectos productivos interesantes desde la perspectiva del desarrollo socio-económico, pero la mayoría de los programas existentes parte de un diseño que no da cuenta de las condiciones estructurales allí vigentes (salvo las de las empresas más sólidas, por lo general ligadas de modo directo o indirecto a los complejos productivos provinciales más relevantes).

Otra dimensión de esta discusión sobre las políticas de promoción productiva refiere al plano institucional, en el marco del discurso teórico-político sobre la descentralización ya mencionado. Costamagna (2007: 61) plantea que *"estamos en presencia de programas nacionales y provinciales con relativa capacidad de gestión, con estructuras débiles frente a la demanda generada por estos mismos programas y desde donde, muchas veces, se desconoce la institucionalidad provincial o local"*. Si se admite que esto constituye una restricción significativa para obtener resultados en materia de DET, también cabe advertir sobre otros factores que, necesariamente, interactúan y tienen que ver con dicha institucionalidad provincial o local. Dejando de lado el problema presupuestario que incide sobre la magnitud de los fondos provinciales destinados a la promoción productiva, no se puede soslayar la habitual inclinación de estos gobiernos hacia los núcleos económicos más dinámicos, donde predominan las grades empresas (globales, nacionales y locales). Es decir, su accionar se imbrica, cada vez más, con los intereses de los propietarios y/o administradores de estos capitales que poseen una gran autonomía decisoria (invertir o no, cómo, cuánto, dónde) y, en consecuencia, moldean la orientación básica, de los procesos económicos que se despliegan en estos territorios.

En ese marco, una política que apunte genuinamente a promover el desarrollo territorial en la Argentina no debería soslayar estas cuestiones. Las preguntas que quedan sugeridas, y que constituyen objeto de futuros estudios en este campo refieren a dos dimensiones analíticas interrelacionadas. Por un lado, los criterios de intervención que deberían plasmarse en futuros programas nacionales, provinciales y locales relacionados con la problemática del desarrollo territorial en sus múltiples dimensiones. Por otro lado, sobre las características reales de las tramas de poder en las economías provinciales, sus potencialidades y restricciones, en tanto escenario donde aquéllas deben intervenir.

Bibliografía:

Anlló, G. y Cetrángolo, O. (2007) Capítulo X. "Políticas sociales en Argentina: viejos problemas, nuevos desafíos", en Kosacoff, B. (ed.) *Crisis, recuperación y nuevos dilemas*. Naciones Unidas, Santiago de Chile.

Arceo, E. y Schorr, M. (2008) "Repensando la relación centro-periferia en la globalización", FLACSO, Buenos Aires, mimeo.

Arzeno, M. y Troncoso, C. (2010) "Actividades agrarias, turismo y contradicciones del desarrollo en la Quebrada de humahuaca, Jujuy", en Manzanal y Villarreal (orgs.) *El desarrollo y sus lógicas en disputa en territorios del norte argentino.* Ediciones Ciccus, Buenos Aires.

Azpiazu, D. y Schorr, M. (2010) *Hecho en Argentina. Industria y economía, 1976-2007*, Siglo XXI Editores, Buenos Aires.

Cao, H. y Vaca, J. (2006) "Desarrollo regional en la Argentina: la centenaria vigencia de un patrón de asimetría territorial", *Revista Eure*, nro. 95, Santiago de Chile.

CENDA (2010) *La anatomía del nuevo patrón de crecimiento y la encrucijada actual. La economía argentina en el período 2002-2010*, Cara o Ceca, Buenos Aires.

Costamagna, P. (2007) *Políticas e instituciones para el desarrollo económico territorial. El caso argentino*, ILPES-CEPAL, Santiago de Chile.

Craviotti, C. y Soverna, S. (2008) "Un sistema nacional de desarrollo rural", *Serie Documentos de Capacitación* nro. 4, PROINDER/Secretaría de Agricultura, Ganadería, Pesca y Alimentación, Buenos Aires.

de Mattos, C. (2010) *Globalización y metamorfosis urbana en América Latina*, Textos Urbanos, vol. IV, OLACCHI, Municipio Metropolitano de Quito.

Duarte, M.; Kulfas, M. y Schorr, M. (2008) "Asociatividad de micro, pequeñas y medianas empresas y economías de aglomeración en la Argentina: teoría, problemáticas y casos de intervención pública", *Realidad Económica* nro. 235, Buenos Aires.

Fernández, V. (2007) "Explorando las limitaciones del nuevo regionalismo en las políticas de la Unión Europea: Una perspectiva latinoamericana", *Revista EURE*, Santiago de Chile, vol. 33, nro. 98, pp. 97-118.

Fernández, V.; Tealdo, J. y Villalba, M. (2005) *Industria, Estado y territorio en la Argentina de los '90. Evaluando la desimplificación estatal selectiva y repensando los caminos del desarrollo.* Universidad Nacional del Litoral, Santa Fe.

García, A. (2007) "¿Un nuevo ciclo para la planificación regional? El caso de seis economías regionales argentinas", *Revista Electrónica de Geografía y Ciencias Sociales* nro. 245, Universidad de Barcelona, Barcelona.

Gatto, F. (2007) "Crecimiento económico y desigualdades territoriales: algunos límites estructurales para lograr una mayor equidad", CEPAL, Oficina en Buenos Aires.

Kulfas, M. (ed.) (2010) *Postales de la Argentina productiva.* Libros del Zorzal, Buenos Aires.

Manzanal, M. y Villarreal, F. (orgs.) (2010) *El desarrollo y sus lógicas en disputa en territorios del norte argentino*, Ediciones Ciccus, Buenos Aires.

Manzanal, M.; Arquenos, M.; Arzenos, M. y Barrios, M. (2009) "Desarrollo territorial en el norte argentino: una perspectiva crítica", *Revista Eure*, vol. 35, n° 106, Santiago de Chile.

Moguillansky, G. (2010) "Las Agencias Regionales de Desarrollo Productivo: un gérmen de cooperación público-privada para el desarrollo regional en Chile", CEPAL, Colección Documento de Proyectos.

Dinámicas urbano-rurales, pobreza y vulnerabilidad social

Parte III
Dinámicas urbano-rurales, pobreza y vulnerabilidad social

En esta tercera parte del libro, sin pretender agotar las distintas miradas que pueden aportar al conocimiento del nuevo ciclo de acumulación y reprimarización del norte del país, se propone profundizar el tema a partir de las repercusiones de este particular esquema sobre las condiciones de reproducción social que se manifiestan en diferentes recortes espaciales.

En el primer capítulo, se indaga en el sistema urbano del NEA y NOA, entendiendo que en el mismo influye una compleja interacción de factores, tanto económicos, demográficos, ambientales como sociales. El estudio contempla, especialmente, las características del proceso de urbanización más reciente, resaltando la agudización de la concentración poblacional en las capitales provinciales, el fenómeno de macrocefalismo y, más en general, la debilidad del entramado urbano como una manifestación más de las restricciones que afectan a las economías provinciales del norte. Esta lectura analítica enfoca en diferentes parámetros demográficos (tasa de natalidad, mortalidad infantil, etc.) y sociales (educación, salud, habitat), reflejando los principales rasgos que retroalimentan la vulnerabilidad de un segmento importante de la población residente en estas provincias, situación que se agrava en las localidades de menor tamaño y en el medio rural en su conjunto.

Luego, y profundizando en la relación de la estructura productiva con el sistema urbano-rural y su correlato en el empleo y la pobreza, en el segundo capítulo se realiza un análisis estilizado de los mercados de trabajo rural y urbano vinculando, a partir de la obtención y distribución de ingresos de las familias, las renovadas dinámicas de causación circular de la pobreza que atraviesan a la región. A partir de la actualización del impacto de las tendencias a la asalarización y temporalidad de los nuevos paquetes tecno-organizacionales que penetran, particularmente, en las estructuras productivas primarias de los Complejos Productivos Regionales (CPR), sumado a las estrategias de ocupación y subsistencia de los pequeños productores familiares y trabajadores rurales, se observan los resultados en diferentes dinámicas migratorias que terminan impactando en los centros urbanos.

En este sentido, a continuación se examinan la evolución y estructura de los mercados laborales de las capitales provinciales mostrando sus rigideces tanto en su capacidad para generar puestos de trabajo de mayor calidad (empleo informal, no registrado, actividades refugio, etc.) como en la generación de ingresos. Respecto a este último aspecto, e incorporando los ingresos no laborales, se analizan las situaciones de pobreza e indigencia por ingresos y la distribución funcional del mismo entre los hogares y las personas. A partir de estos elementos, y a modo de hipótesis de trabajo, se propone la relación capacidad-calidad de los mercados laborales como otro factor causal en la perpetuación de estructuras productivas poco diversificadas. La escasa capacidad de los mercados laborales (rurales y urbanos) para generar inserción de calidad (tanto por las condiciones, como por los ingresos) afecta a la reproducción social y, a su vez, el alcance de las correas de transmisión endógena para impulsar otras actividades aun cuando se manifieste un ciclo de crecimiento económico.

Finalmente, en el último capítulo, se examina otra de las características de la "periferia" del país, asociada a la conectividad y grado de accesibilidad de la región. Éste es otro aspecto fundamental para interiorizarse en el sentido inherente de la urbanización, como fenómeno relacionado con las condiciones económicas y sociales del norte, a partir del cual se explicita su condición de región fragmentada y heterogénea en su interior, así como el mantenimiento de su carácter de espacio marginal en la articulación con el resto del territorio nacional.

Capítulo V
Urbanización, pobreza y vulnerabilidad social

Paula Báscolo, Alicia Castagna,
Isabel Raposo y María Lidia Woelflin

El sistema urbano no es un aspecto intranscendente para la dinámica económica, en la medida en que articula (mejor o peor) y potencia (más o menos) las actividades económicas, en función del atractivo que ejerce bajo las condiciones que propician las economías de aglomeración. Desde su función económica, las ciudades proporcionan un lugar para el mercado y diversidad de beneficios (ahorro de tiempo, disminución de costos de transacción, concentración de información, etc.) derivados de la proximidad espacial de actividades y personas. Por su parte, las características de la urbanización no pueden ser separadas de la naturaleza del proceso de desarrollo de determinada sociedad.

Desde el punto de vista señalado, un sistema urbano se articula en función de aspectos claves como la dinámica poblacional o la especialización funcional, que permiten definir la jerarquía de los centros. La expresión más acabada de este tipo de estudios ha sido la Ley de rango tamaño o modelo de Zipf[1] (Bailly, 1978), capaz de establecer un orden o rango de jerarquía de centros de un sistema en función del tamaño de la población. Los estudios sobre jerarquía urbana nacionales o regionales

---

1   La Ley de Zipf o de rango tamaño (del inglés *rank size*) para la población de ciudades, nos dice que la segunda ciudad de un país suele tener una población igual a la mitad de la primera, la tercera igual a la tercera parte de la primera y que la ciudad de rango r en la distribución tendrá una población igual a la 2 de la primera ciudad dividida por este rango r. La hipótesis indicaba que la población se caracterizaba según la distribución de Pareto con coeficiente igual a 1. Es decir que el tamaño del conjunto de las ciudades evolucionaba con respecto al tamaño de la ciudad más grande; como planteo no obedece a un modelo teórico sino a una observación regular que surge de la verificación práctica.

se profundizaron en distintos países con un objetivo analítico-descriptivo y desde distintas ópticas: funcional, económica, poblacional, geográfico-reticular, etc. Christaller, en su teoría de los "lugares centrales" desarrollada en 1933, planteaba que éste era el esquema acabado perfecto que simbolizaba esa realidad. Las bases de su formulación son retomadas por una vastísima literatura posterior que llega hasta el presente; entre ellos, es Camagni (2005) quien explicita los factores de cambio frecuentes que alteran las jerarquías urbanas, tales como: el crecimiento de las rentas per cápita, el crecimiento de la densidad demográfica, los menores costes de transporte, el aumento de las economías de escala o la menor dimensión eficiente de la producción.

Toda ciudad o núcleo poblacional no debe ser tratado, para una mejor y más profunda comprensión de la realidad, como un hecho aislado en sí mismo, sino en sus interrelaciones con otras ciudades dentro del contexto socio-espacial que lo contiene. Esto nos acerca al concepto de Sistema Urbano, enfocado desde la visión de la Teoría General de Sistemas[2] que se ha utilizado como lógica de análisis desde hace ya muchos años. El comportamiento humano y la interpretación de las conductas localizacionales (a través de aportes como los de Von Thünen, Losch o Weber, entre otros) se convirtieron en el ámbito natural para el abordaje de estas problemáticas en torno a los componentes o núcleos urbanos, sus atributos (sean éstos vistos como cantidad de habitantes, empleo o funciones) y los vínculos o relaciones que se pueden establecer entre ellos (Mc Loughlin, 1971; Gómez Piñeiro, 1985: 346).

Sin embargo, los sistemas urbanos, analizados desde la perspectiva tradicional, se han visto alterados por el rumbo que define la reestructuración económica y las dinámicas de la globalización. Las variables relacionadas con los aspectos económicos desplazaron a otras, tales como el tamaño de población o la morfología urbana, para poner el acento en el análisis de los flujos de relación (Castells, 2000). El modelo reticular o paradigma en red gana posiciones, dando preferencia a los flujos y desmaterializando el espacio, pasando del concepto de jerarquía en la organización al de convivencia o colaboración entre centros que horizontalizan sus relaciones (Pino Artacho, 2001). En este sentido, todo sistema urbano no puede prescindir de la relación que le corresponde según su posición relativa en las diferentes escalas de inserción como territorio.[3]

---

2   Con inspiración en la biología a partir de Von Bertalanffy en 1968.

3   El discurso teórico se amplió hacia el concepto de ciudades globales (Sassen, 1998) como nuevos referentes de las relaciones capitalistas que exceden los marcos lógi-

Si bien la existencia de este nuevo modelo no se discute, adaptándose perfectamente al comportamiento de la industria y al sector terciario especializado, lo cierto es que su aplicación en los hechos resulta parcial. Los esquemas de jerarquía persisten como memoria territorial, vinculados a la producción primaria, el comercio y los servicios comunes a la población y a las actividades administrativas. Necesariamente, el emergente de esta mixtura, resultará ecléctico dependiendo del peso de las particularidades de cada territorio por analizar (Camagni, 2005: 125).

De la reflexión anterior surge que la distribución geográfica del fenómeno urbano –que resulta de la dinámica del proceso histórico de la división espacial del trabajo– es una de las expresiones de la dimensión de la renta del país y su desigual distribución espacial.[4] La débil densidad de la red urbana que tipifica la configuración territorial de países periféricos, particularmente Argentina, es entonces un fenómeno de orden estructural. De este modo, existe una tensión fundamental entre la debilidad o fragilidad de la urbanización en la periferia –que contrasta con la fuerte concentración económica en grandes metrópolis–, y las posibilidades de diversificación productiva en determinados puntos del espacio. Más en general, el sistema urbano

"actúa restringiendo el desencadenamiento de procesos innovativos, reiterando las precarias condiciones de empleo, renta, habitat y la estructura urbana general de las ciudades no integradas a procesos dinámicos, en contrapartida y reiteración de las centralidades –y deseconomías– de los grandes núcleos urbanos" (Bitoun y Miranda, 2009: 2).

En Argentina, el sistema urbano es tributario de la estructura económica del período colonial, redefinido durante la etapa agroexportadora y a lo largo de un proceso que nítidamente fue conformando la configuración segmentada y con bajo nivel de articulación que caracteriza el territorio nacional. Las condiciones de vida y los vínculos entre regiones se traducen en buena medida a través de diferentes procesos que se reconocen mediante

---

cos nacionales-regionales a los que habitualmente se circunscribían los estudios. El emergente es una nueva realidad urbana, mucho más dispersa y extendida hacia ámbitos de desconcentración (metropolización, periurbanización) y articulada en redes mundiales a través de flujos de intercambio e información, con nuevas prácticas sociales o estilos de vida que tienden a reemplazar el espacio centrado en el "lugar" por el espacio de los flujos.

4   En el primer capítulo de esta obra se realiza un análisis estilizado de estos procesos, reflejados por la teoría regional en su vertiente myrdaliana e histórico-estructural.

el desarrollo histórico nacional, sin ser ajeno a ello la propia realidad local al igual que el contexto internacional. El norte argentino es precisamente una parte importante de ese territorio nacional al que históricamente le ha cabido una inserción marginal en el sistema.

Se presenta, en los puntos siguientes, una visión de la evolución demográfica más reciente de las provincias que integran esta región del país; la estructura de los asentamientos poblacionales; y una aproximación a las condiciones de vida de la población, poniendo el foco en distintas expresiones de la pobreza estructural.

1. Concentración y centralidad urbana en el norte argentino

Argentina tenía hacia principios del siglo XX una configuración definida. La tendencia a la concentración en la región pampeana, con marcada presencia de actividades económicas y nuevas poblaciones migrantes, dieron el predominio de Buenos Aires como máxima jerarquía y cabeza del sistema urbano argentino, definido así como "primado" (Alonso, 1992).

Esta situación fue el resultado de un proceso histórico que alteró sustancialmente la situación imperante en etapas anteriores, siglo XVI y XVII en que el norte argentino era una zona floreciente, con producción diversificada, ligada al Alto Perú y manteniendo, además, comunicaciones con Brasil, lo que le confería a la zona un importante rol estratégico. Esto cambió a partir de la Independencia, más concretamente, con la centralización y predominio del puerto de Buenos Aires y el abrupto corte de sus relaciones comerciales con su ámbito regional específico[5].

Desde mediados del siglo XIX, al incorporarse Argentina al mercado mundial sobre la base de exportaciones de productos agropecuarios, se generó un desarrollo cada vez más concentrado en la pampa húmeda, con una estructura sociopolítica que se construía a partir de los intereses de los productores agrícola-ganaderos y de los sectores de intermediación comercial vinculados a la exportación de dichos productos y a la importación de manufacturas. En las provincias, sólo se integraron a este proceso de crecimiento, en forma paulatina y subordinada, la producción de algunos sectores industriales para el mercado interno.

La posterior etapa de la sustitución de importaciones, modificó ligeramente la configuración nacional en tanto siguió aumentando la concentración y un marcado proceso de migración campo-ciudad, que hizo de

---

5   Declaración para la integración del norte Argentino, del 10 de octubre de 1988 en la
     Ciudad de Salta, citado en Capraro y Esteso (1987).

Argentina uno de los países con mayor nivel de urbanización en América Latina (Velázquez, 2001).

Mientras que hacia 1960 casi tres cuartos de la población total del país residía en áreas urbanas, en el caso del norte argentino era preponderante el peso de la población en áreas rurales, representando algo más de la mitad de la población de la región (Gráfico 1). Esta tendencia comenzó a variar a través de la participación relativa de la cantidad y distribución de las "ciudades intermedias" a partir de los años setenta, particularmente de aquellas capitales de provincia convertidas en receptoras de poblaciones rurales de su propio territorio, e incluso de países vecinos, con la denominada crisis de las economías regionales (Rofman y Manzanal, 1989) que llevó a la desaparición de hasta el 35% de las explotaciones rurales y el 40% de la mano de obra utilizada en las mismas en el período 1969-2002.

Parte de esta población migrante era expulsada hacia las grandes ciudades centrales; sin embargo, ante el agotamiento del planteo sustitutivo y el fin de las políticas centralizadas del Estado de bienestar en crisis, muchas capitales del interior se convirtieron en receptoras finales creciendo notablemente buena parte de las ciudades que integraban estas regiones. En cambio, el sistema urbano pampeano parecía aletargarse en lo que respecta al crecimiento poblacional de sus principales centros urbanos. Así, se observa que desde la década del ochenta las regiones más pobladas del país son las menos dinámicas en cuanto a ritmo de crecimiento de población (Lindenboim y Kennedy, 2003).

Gráfico 1. Tasa de urbanización. Argentina y regiones del NOA y NEA. 1960-2001.

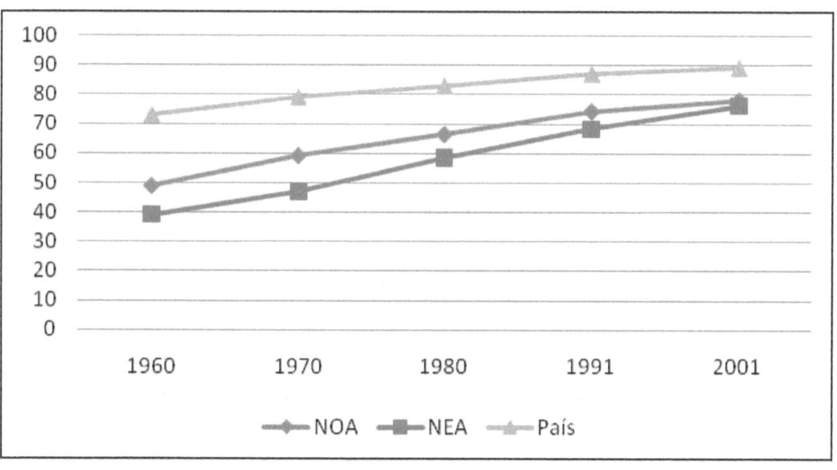

Fuente: Elaboración propia en base a INDEC, Censos Nacionales de Población, 1960, 1970, 1980, 1991 y 2001.

El elevado incremento demográfico que experimentó el norte argentino, fundamentalmente en el último cuarto del siglo XX, fue acompañado entonces por un proceso de alta urbanización y de concentración de la población precisamente en las ciudades de mayor escala. De este modo, con sistemas urbanos débiles y en el marco de un creciente peso de la administración pública en las economías provinciales (Michelini y Davies, 2009), las ciudades capitales, centros de decisión política y económica, se transformaron en las mayores receptoras de población. Se fue conformando así, una asimétrica distribución de la población en cada uno de los territorios provinciales, siendo las ciudades capitales las que en la actualidad concentran el 30% o más de su población provincial, llegando al 50% en el caso de la ciudad de La Rioja.

Este fenómeno de concentración demográfica se relaciona con la "Primacía" de los sistemas urbanos donde las capitales alcanzan el carácter de ciudades primadas medido a partir de un Índice que evalúa el dominio de la ciudad principal sobre el sistema urbano al que pertenece. Esta supremacía es, a su vez, un factor que desencadena nuevos desequilibrios.

Cuando mayor son las ciudades más atraen población, dado las múltiples actividades que allí se localizan, generando un proceso difícil de detener, con un gran peso sobre la vida provincial en general. Como expresa Foschiatti (2008: 14):

"Ello se explica por las características propias de las grandes ciudades, dadas sus ventajas para la localización de actividades financieras, de servicios y bancarias, etc., generadas, difundidas y aprovechadas en los conglomerados urbanos. Estos elementos de orden económico junto a los de naturaleza política y sociológica como lo son la maquinaria gubernamental, de los medios de comunicación, la convergencia de carreteras, la existencia de los recursos públicos necesarios en salud, educación, etc., determinan que la decisión de los migrantes potenciales se incline por esos grandes conglomerados, colaborando así en la producción de la hiperurbanización".

En algunos casos, la diferencia de tamaño y el papel central de algunas ciudades se acentúa, apareciendo el fenómeno denominado macrocefalismo[6], uno de los rasgos más sobresalientes de los países subdesarrollados en términos cuantitativos.

---

6   Es conveniente dejar aclarado los dos conceptos manejados con frecuencia cuando se habla de la superioridad de la capital. Por un lado, un sistema presenta primacía cuando la ciudad primada, o sea la mayor del sistema, excede en más del doble a la que le sigue en magnitud de población o bien a la suma de las tres siguientes. En

Gráfico 2. Índice de Primacía y Macrocefalismo en provincias del norte del país.

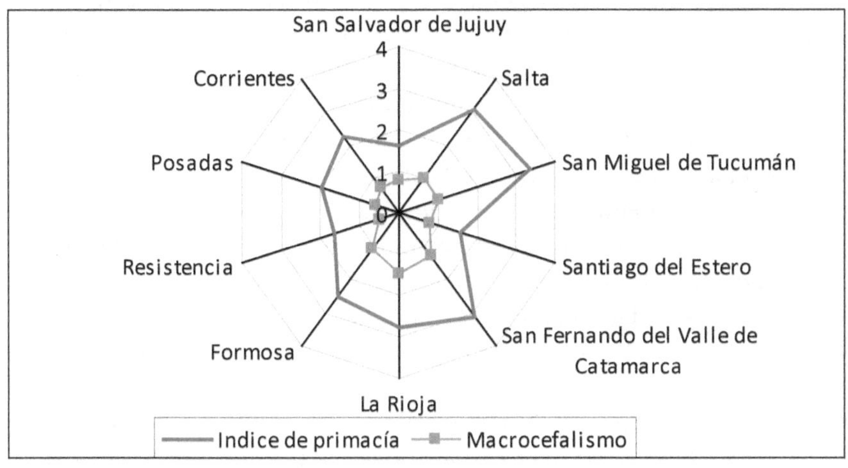

Fuente: Elaboración propia en base a datos del INDEC, CNPHyV, 2001.

Este fenómeno de concentración demográfica del norte ha llevado a que la mayoría de las provincias de la región presenten un sistema urbano primado, factor que, como se expresó, desencadena nuevos desequilibrios (Gráfico 2). Pero además, en Salta, Tucumán, Catamarca, La Rioja y Formosa, la diferencia entre la ciudad capital y el resto del sistema urbano al que pertenece es tal que se da el fenómeno de macrocefalismo. En el proceso de urbanización, las ciudades capitales han ido absorbiendo paulatinamente poblados cercanos así como otras comunas o localidades, conformando los aglomerados que suelen atravesar varios departamentos. San Miguel de Tucumán es el que tiene el mayor porcentaje de la población provincial de los Aglomerados del norte argentino. Se destaca como principal núcleo regional con importancia en el sistema urbano nacional, aunque desde la década del setenta viene registrando un crecimiento poblacional inferior al de la región.

Los datos provisorios del último Censo poblacional 2010 permiten visualizar que este proceso de concentración continúa, ya la mayoría de los departamentos capitales[7] (en los que se encuentran los principales

---

cambio manifiesta macrocefalía cuando la población de la ciudad mayor excede a la suma de la población conjunta de los demás núcleos urbanos.

7   Cabe destacar que la población de la ciudad capital de cada una de las provincias del norte representaba, en 2001, más del 94% de la población total del departamento al que

centros urbanos) creció en la última década a un ritmo superior que el de las provincias a las que pertenecen[8]. Esto es una característica del patrón urbanización no sólo de Argentina sino de América Latina, dado por el mayor crecimiento relativo de las ciudades intermedias, en contraposición al período previo a la década del setenta, en que fueron las grandes ciudades (más de un millón de habitantes) las que lo hicieron.

Vale la pena destacar que a pesar del creciente proceso de urbanización, residen aún en el medio rural cerca de 1.300.000 habitantes. Dicha población se encuentra dispersa en una importante cantidad de poblados escasamente provistos de infraestructura y con persistentes problemas de conectividad, a la que resulta difícil atender sus necesidades y prestarle servicios con regularidad por los altos costos que implica. La disponibilidad de equipamiento, servicios y prestaciones sociales públicas o privadas actúa también como factor de expulsión, situación típica de las zonas rurales. Así las disparidades territoriales se constituyen en otro aspecto que acrecienta las desventajas de la población con menores recursos.

Como ya se expresara anteriormente, el crecimiento poblacional de las ciudades capitales se debió en gran parte a la migración rural. Esta presión ejercida por la población rural sobre las ciudades puso de manifiesto, además, las debilidades de las mismas en términos de capacidad para dar respuesta a las nuevas demandas (vivienda, infraestructuras de salud, educativas, servicios, entre otras), alimentando la generación de pobreza urbana y bajas condiciones de vida de su población. Estos movimientos migratorios ejercen, además, presiones sobre el sector público en demanda de mayores niveles de servicios básicos procurando una mejor calidad de vida para todos los habitantes.

2. Dinámica demográfica y vulnerabilidad social

2.1. Dinámica demográfica

La dinámica demográfica y los cambios en la concentración espacial están relacionados con los procesos de urbanización, explicando el tamaño de las ciudades, su localización o distribución geográfica y, en general, la estructura del territorio. El análisis de la intensidad y ritmo de la urbaniza-

---

pertenece llegando en el caso de San Fernando del Valle de Catamarca a representar el 100% de la población departamental.

8   Con excepción de los Departamentos Capitales de Tucumán y Chaco.

          ¿Crecimiento o desarrollo? El ciclo reciente en el norte argentino

ción de un territorio requiere el estudio de la estructura de la población y de su dinámica. Por otra parte, la población juega un importante papel en las iniciativas de transformación productiva a la vez que es un instrumento para el diseño de políticas y estrategias socioeconómicas y de mejor asignación de los recursos. Si bien la relación entre comportamiento demográfico y los aspectos socioeconómicos es muy compleja permite entender los cambios en un territorio, su desarrollo y sus posibilidades futuras.

La estructura poblacional del norte argentino genera problemas económicos y sociales importantes, a la vez que enfrenta retos de gran magnitud y complejidad en torno a la vulnerabilidad social, caracterizada, entre otras cosas, por una alta desigualdad, importantes índices de pobreza en sus múltiples dimensiones y tasas muy elevadas de informalidad laboral entre los aspectos más destacados. Estos aspectos muestran importantes heterogeneidades entre el NEA y el NOA, además de las que se presentan entre las provincias y al interior de las mismas, existiendo problemáticas comunes a todas ellas.

En la región residen aproximadamente ocho millones de habitantes, representando poco más del 20% del total nacional. El 78% de esta población habita en áreas urbanas siendo, como ya se señaló, parte de un sistema altamente concentrado en las ciudades capitales de las provincias, mientras que el 22% restante reside en zonas rurales.

Se caracteriza por tener una estructura poblacional joven, donde el porcentaje de adultos mayores es reducido en relación al país, mientras que el porcentaje de niños y adolescentes es relativamente elevado, aunque en descenso en las últimas décadas. Esto configura una pirámide poblacional rítmica en promedio para el norte del país, la cual presenta un equilibrio entre los sexos y una disminución normal de los números correspondientes a cada grupo de edades, situación que deriva fundamentalmente de altas tasas brutas de natalidad, que superan la media nacional, con menor tasa bruta de mortalidad general que el país pero con elevadas tasas de mortalidad infantil.

Como consecuencia de la estructura poblacional el Índice de Dependencia Potencial (IDP), que comúnmente es utilizado para medir el esfuerzo que la población potencialmente activa hace para cubrir las necesidades de la población inactiva y más vulnerable, arroja un valor de 71%, es decir de cada 100 personas que potencialmente son activas hay otras 71 (menores de quince años o mayores de sesenta y cuatro) que dependen económicamente de aquéllas, bastante superior al promedio nacional que arroja un valor de 62. Este índice se mantiene por encima de 65 en todas las provincias, siendo en las que integran el NEA donde se presentan los mayores valores (Cuadro 1).

Cuadro 1. Índice de Dependencia Potencial. Total, urbano y rural, por provincias y región.

	IDP		
	Total	**Urbano**	**Rural**
País	**62**	**60**	**74**
Norte argentino	**71**	**68**	**85**
NOA	**69**	**66**	**84**
Catamarca	70	66	81
Jujuy	68	65	87
La Rioja	66	64	76
Salta	72	69	90
Santiago del Estero	75	68	88
Tucumán	65	62	77
NEA	**74**	**70**	**86**
Chaco	73	70	85
Corrientes	71	68	83
Formosa	76	73	89
Misiones	76	72	88

Fuente: Elaboración propia en base a datos del INDEC, Censo Nacional de Población Hogares y Vivienda, 2001.

Existen heterogeneidades importantes en la estructura poblacional al interior de la región, donde la carga de pasivos sobre activos es mayor en las áreas rurales (más de 85%) y en las áreas urbanas de menor tamaño, muy influenciadas por la alta proporción de niños y adolescentes. En el otro extremo, en las ciudades capitales, dicha dependencia tiende a ser bastante inferior debido, entre otros aspectos, a que presenta menores tasas de fecundidad global.[9]

2.2. *Vulnerabilidad Social Estructural*

El norte ha sido históricamente la región más postergada del país, caracterizada por una persistencia objetiva de la marginalidad y la pobreza,

---

9   Como se verá en el capítulo siguiente, referente al mercado de trabajo, la dependencia efectiva PEI/PEA es mayor que en el resto de los aglomerados urbanos de la EPH.

situación que no ha cambiado luego de la crisis de 2001. Si bien la redinamización económica –esencialmente visible desde 2003– operó positivamente para el conjunto del país, los focos receptores de la inversión, la financiación, la ampliación de la demanda, las mejoras de empleo, etc., se concentraron desigualmente a favor de determinados aglomerados y en perjuicio de las regiones tradicionalmente periféricas (Casalis, 2008). En la economía del norte este proceso de crecimiento se desarrolla con profundas desigualdades sociales, en un contexto de concentración, extranjerización y desarrollo de actividades intensivas en recursos naturales (ver capítulos 2 y 3), lo cual también se refleja en el comportamiento de variables sensibles, como la pobreza, que muestra en esas regiones una alta correlación con los mayores niveles comparados de informalidad y precariedad laboral (ver capítulo VI). Cabe destacar que, como expresa Bolsi y Meichtry (2006: 15):

"persisten en el norte argentino amplias áreas con alta proporción de población indígena o de población criolla donde las prácticas materiales dominantes se vinculan con el autoconsumo y la venta de su fuerza de trabajo. Estos 'residuos', que incluyen el mundo campesino, conforman uno de los más extensos núcleos duros de la pobreza regional".

Particularmente, la población rural y las periferias urbanas en constante crecimiento constituyen las mayores áreas de pobreza y exclusión social.

Al mismo tiempo, es sabido que el crecimiento y la estructura de la población influyen sobre el nivel de consumo, los factores de la producción, el ingreso, el empleo y en la disponibilidad de los recursos de una sociedad. Estudios recientes (Banco Mundial, 2007) indican que un crecimiento rápido de la población en economías con un deficiente entorno socioeconómico tiende a limitar su crecimiento económico. En este sentido, la estructura y la dinámica poblacional del norte generan, a su vez, problemas económicos y sociales importantes a la vez que la enfrenta a retos de gran magnitud y complejidad en torno a la vulnerabilidad social. Particularmente, la dinámica demográfica de los más vulnerables está caracterizada por patrones de mortalidad y fecundidad elevados, con índices de dependencia muy altos, los cuales generan diferentes conductas demográficas con situaciones que modifican constantemente los riesgos a los que se expone la población (Rodríguez Vignoli, 2003).

Se presentan en la región una serie de rasgos demográficos que se relacionan, en general, directamente con los segmentos sociales menos favorecidos: mayores tasas de natalidad, de mortalidad infantil, de fecundidad y menor esperanza de vida. En este sentido, vale mencionar que numerosos estudios (Foschiatti, 2007; Rodríguez Vignoli, 2003; Bolsi, Longhi y Paolasso, 2009) han demostrado que existe una relación directa entre pobreza y alta fecundidad, transformándose en un elemento que contribuye a la trasmisión intergeneracional de la pobreza y de la vulnerabilidad social. Por otro lado, el riesgo de morir antes de cumplir el primer año de vida se relaciona con el acceso y la calidad de los servicios de salud y con las condiciones de vida de las personas. Así, se presenta una relación también estrecha entre la mortalidad infantil, la pobreza habitacional y las condiciones de acceso a los servicios públicos básicos, especialmente agua potable y disposición de excretas. Además, dichos rasgos se conjugan y refuerzan por factores sociales que inciden sobre los niveles de fecundidad y mortalidad como ser el bajo nivel educativo de la población, fundamentalmente de las madres, y los bajos niveles de cobertura social de salud, que reproducen situaciones de vulnerabilidad social y de pobreza. Por lo tanto, la mortalidad infantil se constituye en uno de los indicadores más sensibles a la pobreza.

En este sentido, si bien la tasa de mortalidad infantil viene experimentando un descenso constante durante las últimas décadas, las provincias de la región registran históricamente tasas superiores al promedio nacional, alcanzando en 2008 una tasa de 14,9 por mil en promedio, superior en 2,5 puntos a la media nacional[10]. Aunque existen diferencias al interior de la región, se observa una relación inversa entre el tamaño de los aglomerados poblacionales y la tasa de mortalidad infantil, registrándose las situaciones más desfavorables en el NEA, particularmente en las provincias de Chaco y Formosa. Estos índices tienen una estrecha relación con la situación sanitaria de la población.

El analfabetismo, que evidencia situaciones de adversidad y es una de las expresiones más graves de un proceso de exclusión y marginación social, tiende a retroalimentar ese círculo vicioso disminuyendo las posibilidades de desarrollo y promoción social. Así, si bien la tasa de analfabetismo ha descendido en el norte argentino entre 1991 y 2001, continúa registrando los mayores niveles del país. Además, estos grupos sociales menos favorecidos, sin instrucción, tienen en general comportamientos reproductivos altos y elevada fecundidad (comienzo de su vida reproductiva a edades más tempranas y mayor frecuencia de los nacimientos), constituyéndose

---

10 Según datos de la Dirección de Estadística e Información de Salud del Ministerio de Salud de la Nación.

en producto y causa de la pobreza (Foschiatti, 2007; Bolsi y Meichtry, 2006; CEPAL, 2002).

La situación más dramática se presenta en el NEA, donde la tasa de analfabetismo más que duplica el promedio del país, y especialmente en la provincia del Chaco se observa que el 8% de la población de diez años y más no sabe leer y escribir.

Sumado a lo anterior, la población del norte evidencia una marcada carencia de cobertura social (Figura 1), producto de la alta proporción de población sin inserción laboral o con empleo informal, en una región que se caracteriza por una significativa población campesina y crecientes migraciones rural-urbanas acompañadas de expansiones en las periferias urbanas, además de elevados niveles de fecundidad. El 62,4% de la población del NEA carece de cobertura médica a través de una obra social o empresa de medicina prepaga, por lo que depende totalmente del sistema de salud pública para la atención médica, siendo en las provincias del Chaco y Formosa donde se encuentran los mayores problemas.

Al desagregar los datos por tamaño de los conglomerados poblacionales y grupo de edad se evidencia, en general, que es en las ciudades capitales donde la población registra los mayores niveles de cobertura por obra social y/o plan de salud privado o mutual, agravándose la situación en las localidades menores o rurales teniendo mayor incidencia en los niños y adolescentes. Es decir que cuanto menor es el tamaño poblacional y menor el grupo de edad, mayor es el porcentaje de población sin cobertura.

Figura 1. Porcentaje de Población sin Cobertura de obra social ni plan privado o mutual, por departamento. Año 2001.

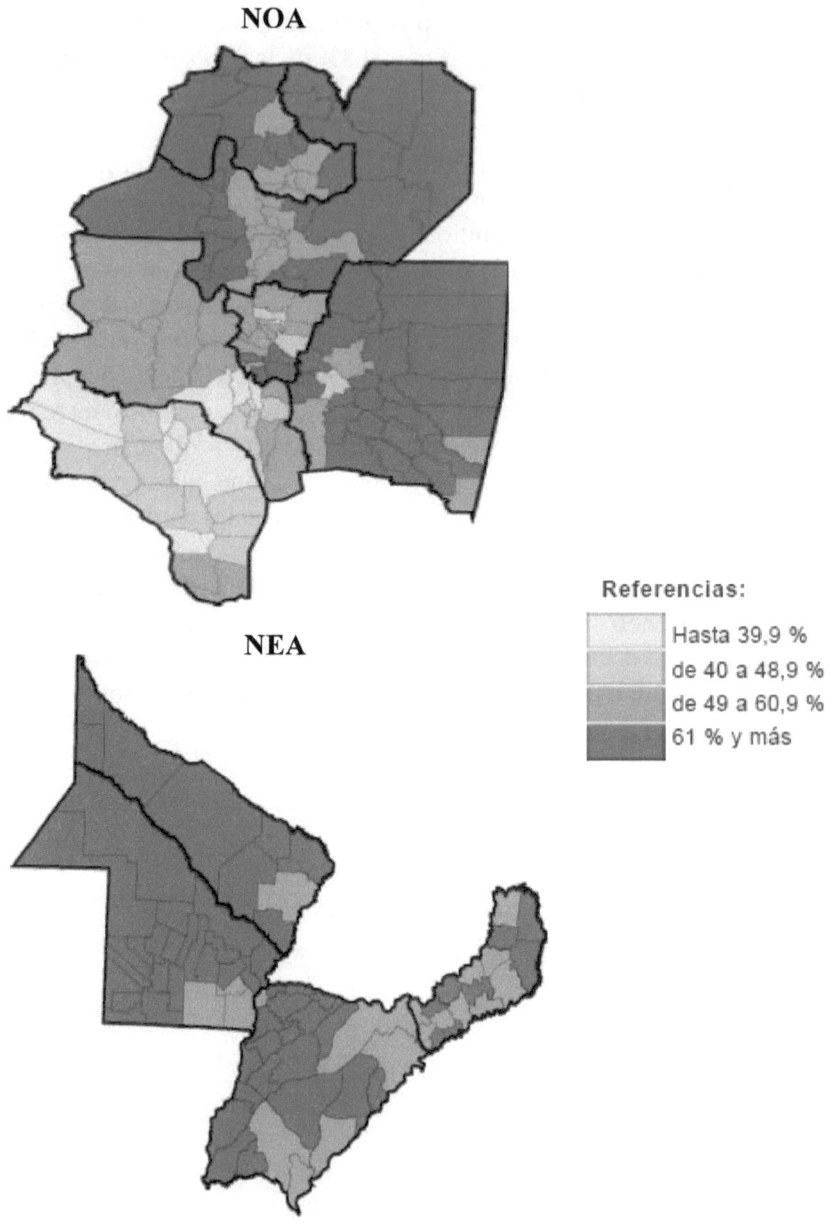
NOA
NEA
Referencias:
Hasta 39,9 %
de 40 a 48,9 %
de 49 a 60,9 %
61 % y más

Fuente: Extraído de INDEC, Revista Informativa del Censo 2001, N° 10, diciembre de 2003.

En cuanto a la evaluación de los servicios de los hogares en relación al hábitat en el que se localizan, aspectos que hacen a la calidad de vida de la población, se evidencian importantes carencias en la región. Hay algunos servicios, como agua de red, electricidad y alumbrado (en menor medida) que alcanzan los mayores niveles de cobertura, aunque con importantes diferencias entre provincias. Otros, como cloaca y trasporte, que en todas las provincias descienden los niveles de cobertura drásticamente al bajar el tamaño de los conglomerados. En el caso del gas natural existen, también, grandes diferencias regionales: en las provincias del NOA la cobertura desciende fuertemente cuando desciende el tamaño poblacional de los conglomerados, mientras que en las provincias del NEA es inexistente el servicio, con excepción del departamento capitalino de Formosa. En general, es en el NEA donde las carencias de servicios en los hogares se presentan con mayor dramatismo.

En el gráfico siguiente se reflejan los valores promedio de carencias de servicios, en porcentaje de hogares, según los diferentes rangos de tamaños de los conglomerados considerados[11]. Se observa, así, la asociación entre la distribución de los servicios y el tamaño de los mismos, siendo que a menor tamaño mayor es el porcentaje de hogares con ausencia de servicios (Gráfico 3).

---

11   Se clasifican en capitalinos, conglomerados de más de 20.000 habitantes y conglomerados de menos de 20.000 habitantes.

Gráfico 3. Porcentaje de Hogares según carencia de servicios en el segmento. Año 2001.

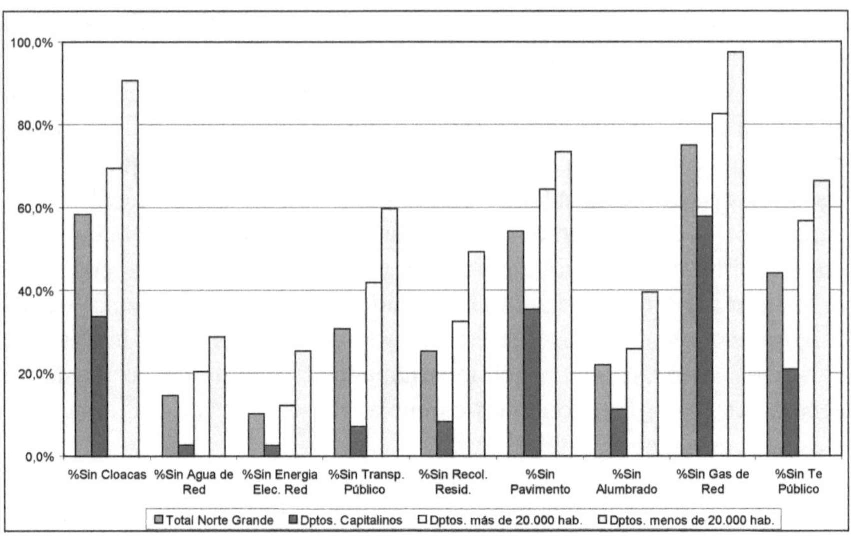

Fuente: Elaboración propia en base a datos del INDEC, CNPHyV 2001.

Por otro lado, las Necesidades Básicas Insatisfechas (NBI), enfoque que apunta a la dimensión estructural de la pobreza y que permite analizar la problemática de largo plazo, registra los valores más elevados en las provincias del norte del país. Según los últimos datos censales disponibles (CNPyV 2001), las NBI alcanzaban al 24,4% de los hogares y al 28,6% de la población de la región.

Al igual que sucede con las tasas analizadas previamente, la situación resulta agravada en el NEA, donde hay un 25,5% de los hogares con NBI y el 30,2% de la población reside en esos hogares. Vuelven a ser las provincias del Chaco y Formosa donde se registran los mayores porcentajes de hogares. Se reitera además, que los departamentos capitalinos presentan las tasas más reducidas de hogares con NBI y que el porcentaje aumenta al reducirse el tamaño poblacional de los conglomerados (Figura 2).

Figura 2. Porcentaje en hogares con NBI, por departamento. Año 2001.

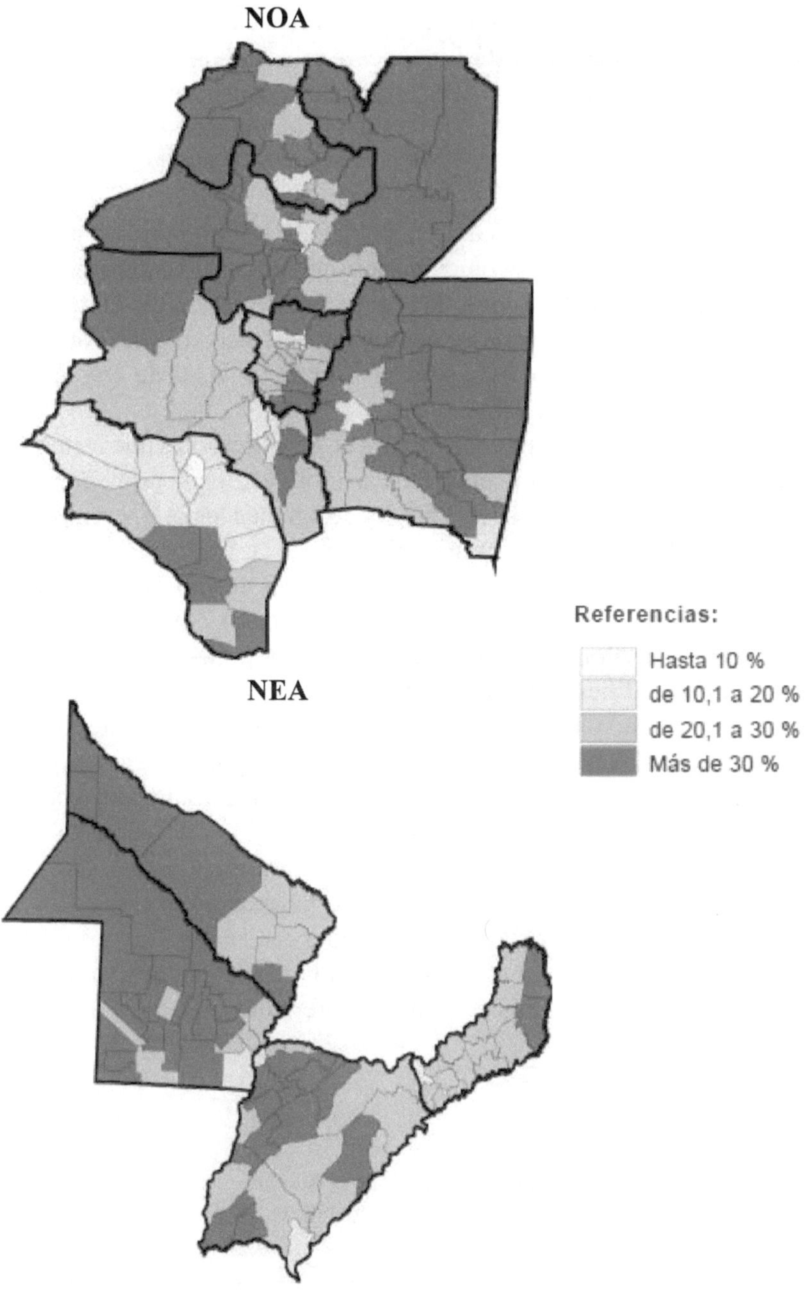

Fuente: Extraído de INDEC, *Revista Informativa del Censo 2001*, nro. 7, setiembre de
2003.

3. Urbanización y desarrollo

El sistema urbano, como organización del espacio en el cual se localiza y distribuye su población, está sumamente relacionado con el desarrollo económico. Es difícil asegurar si es la causa o la consecuencia del mismo. Sin embargo, se puede asegurar que en su evolución el sistema capitalista periférico ha diferenciado las regiones e incrementado las asimetrías existentes entre las mismas.

La estructura y la dinámica de la población se complejizan y surgen problemas derivados de la evolución socioeconómica. La situación actual muestra al norte argentino como la región más desfavorable en términos sociales y con una trayectoria económica que no parece tener capacidad para mejorar rápidamente esta situación, aun con tasas de crecimiento favorables en los últimos años.

El fenómeno de concentración demográfica ha llevado a que la mayoría de las provincias de la región presenten un sistema urbano primado, factor que desencadena nuevos desequilibrios y desigualdades. Al incrementarse el tamaño de las ciudades, atraen población por las múltiples actividades que allí se localizan (o bien brindan alternativas de subsistencia que no están presentes en centros poblados de menos escala), creando un proceso difícil de revertir. Por otra parte, las zonas menos pobladas, agro-rurales, tienen enormes dificultades para su integración y conectividad, lo que afecta la movilidad de personas y bienes, generando condiciones de vida muy desfavorables. Estos aspectos, como ya se expresara, ejercen fuerte presión sobre el sector público para generar nuevas estrategias y políticas adecuadas para solucionar dichos problemas.

La evolución de este territorio con sus diferencias culturales, sociales y económicas lo fue diferenciando del resto del país e incidió en su estructura y dinámica demográfica. Esta situación condicionó desarrollos posteriores, que con un modelo de país concentrado en la región pampeana no logra revertir estos procesos, aun con políticas diferentes post-devaluación.

Bibliografía:

Alonso, L.E. (1992) *Privatización del Transporte y modelos sociales futuros.* Centro Editor de América Latina, Buenos Aires.

Bailly, A. (1978) *La organización urbana. Teorías y Modelos.* Instituto de Estudios de la Administración Local- Col. Nuevo Urbanismo, Madrid.

Banco Mundial (2007) *Cuestiones de Población en el siglo XXI. La Tarea del Banco Mundial.* Banco Internacional de Reconstrucción y Fomento/Banco Mundial 1818 H Street, NW Washinton, DC 20433.

Bitoun, J. y Miranda, L. (orgs.) (2009) *Tipologia das cidades brasileiras en el Observatório das Metropoles*. Letra Capital, Rio de Janeiro.

Bolsi, A.; Longhi, F. y Paolasso, P. (2009) "Pobreza y Mortalidad infantil en el Norte Grande Argentino. Un aporte para la formulación de políticas públicas". *Cuadernos Geográficos* nro. 45 (2009-2), pp. 231-261.

Bolsi, A. y Meichtry, N. (2006) "Territorio y pobreza en el Norte Grande Argentino". *Revista Electrónica de Geografía y Ciencias Sociales,* vol. X, nro. 218. Universidad de Barcelona, agosto.

Camagni, R. (2005) *Economía Urbana*. Antoni Bosch editor, Barcelona.

Capraro, H y Esteso, R. (comps.) (1987) *Norte grande. Estado, Región y Descentralización.* IIPAS, Buenos Aires.

Casalis, A. (2008) "El desarrollo territorial, un desafío para la construcción de un nuevo modelo de desarrollo", presentado en II Jornadas Nacionales de Investigadores de las Economías Regionales. Universidad Nacional del Centro de la Provincia de Buenos Aires.

Castells, M. (2000) "Globalización, sociedad y política en la era de la información". *Bitácora* 4.I sem. pp. 42-53. [en línea] <http://www.facartes.unal.edu.co/portal/publicaciones/bitacoraut/4/dossier/Globalizacion_informacion.pdf >

CEPAL (2002) "Vulnerabilidad sociodemográfica: Viejos y nuevos riesgos para comunidades, hogares y personas", Naciones Unidas–CEPAL. LC/G.2170 (SES.29/16) 8 de marzo.

Foschiatti, A.M. (2008) "El contexto de vulnerabilidad de los procesos demográficos en el Chaco". *KAIROS. Revista de Temas Sociales,* año 12, nro. 21. Universidad Nacional de San Luis.

Foschiatti, A.M. (2007) *Facetas de la vulnerabilidad sociodemográfica de la provincia de Misiones (Argentina).* [En línea]. Geograficando 2(2). <http://www.fuentesmemoria.fahce.unlp.edu.ar/art_revistas/pr.354/pr.354.pdf>.

Gómez Piñeiro, F. (1985) *Geografía urbana de Euskal-Herria: análisis y teorías.* [en línea] *Cuadernos de Sección. Historia-Geografía* (5). pp. 341-412. <www.euskomedia.org/PDFAnlt/ vasconia/vas05/05341412.pdf>.

Mc Loughlin, B.J. (1971) *Planificación Urbana Regional. Un enfoque de sistemas.* Instituto de Estudios de la Administración Local, Madrid.

Michelini, J.J. y Davies, C. (2009) "Ciudades intermedias y desarrollo territorial: un análisis exploratorio del caso Argentino". *Documentos de Trabajo GEDEUR* nro. 5. Madrid, tercer trimestre.

Lindenboim, J. y Kennedy, D. (2003) "Continuidad y cambios en la dinámica urbana de Argentina", en VII Jornadas de Población, AEPA, Tafí del Valle, desarrolladas del 6 al 8 de noviembre.

Pino Artacho, J. (2001) "Hacia la comprensión del espacio urbano global: ¿Sistemas de Ciudades o Redes Urbanas?", *Espacio, Tiempo y Forma. Serie VI, Geografía. T.14.* UNED, pp.191-208.

Rodríguez Vignoli, J. (2003) "La fecundidad alta en América Latina y el Caribe: un riesgo en transición". *Serie Población y Desarrollo* nro. 46, CEPAL.

Rodríguez Vignoli, J. (2002) "Distribución territorial de la población de América Latina y el Caribe: tendencias, interpretaciones y desafíos para las políticas públicas". *Serie Población y Desarrollo* nro. 32. CEPAL-CELADE-División de Población.

Rofman, A. y Manzanal, M. (1989) *Las economías regionales de la Argentina. Crisis y Políticas de desarrollo.* Bibliotecas Universitarias. Centro Editores de América

Latina. CEUR, Centro de Estudios Urbanos y Regionales, Argentina.

Sassen, S. (1998) "Ciudades en la economía global: enfoques teóricos y metodológicos" [versión electrónica]. *Revista Eure*, vol. 24, nro.71, pp. 5-25. Santiago de Chile.

Velázquez, G. (2001) *Geografía, Calidad de vida y Fragmentación en la Argentina de los Noventa.* Centro de Investigaciones Geográficas-CIG, UNCPBA, Tandil.

Capítulo VI
El círculo de la pobreza en el norte

Martín Schorr y Martín Napal

Como se analizó en las secciones anteriores, en el NOA y el NEA prevalecen estructuras productivas muy sesgadas al procesamiento de recursos básicos con escaso grado de elaboración y, en muchos casos, funcionan como *cuasi* enclaves en los que gran parte de la renta generada se realiza fuera del territorio (sea en los mercados de las provincias centrales y/o en el exterior).

Además de la herencia de los años noventa (con sus insoslayables antecedentes históricos), dicho cuadro estructural se vincula con otros factores, entre los que interesa mencionar dos. Primero, con las modalidades del proceso de crecimiento experimentado a partir del abandono de la convertibilidad a favor del dólar alto, la vigencia de un escenario internacional muy favorable y la ausencia, en el plano interno, de una estrategia nacional de desarrollo productivo-industrial y regional. Segundo, con los sesgos de los diferentes programas estatales de fomento al "desarrollo regional" que, tal como se analiza en el capítulo IV, en los hechos terminaron por fortalecer a muchos de los "nuevos" y los "viejos" (pero actuales) sectores que conducen las respectivas lógicas provinciales de acumulación y, por esa vía, a los actores económicos predominantes.

Pero existe un elemento adicional que ofrece valiosas herramientas de juicio para dar cuenta del perfil productivo que se ha ido afianzando en el NOA y el NEA en los últimos años y, en ese marco, del estado de subdesarrollo en el que se hayan inmersas ambas regiones: el reducido tamaño y la segmentación de los mercados internos provinciales que resultan de la situación laboral y distributiva existente, la que a su vez se deriva de

–y se retroalimenta con– la dinámica y la estructura económicas de las regiones analizadas.

Para avanzar en este sentido, es preciso tener en cuenta el análisis realizado en el capítulo anterior sobre el sistema urbano, donde se describió la significación que tiene la población rural[1] en ambas regiones, con un 22% de la población total y registros provinciales en torno al 34% y al 30% (en Santiago del Estero y Misiones respectivamente). Esta situación se combina con porcentajes superiores al 30% de la población concentrada en las capitales provinciales.

Debido a la importancia de dicha última cuestión, esta parte del estudio analiza un conjunto de evidencias conducentes a elucidar ambas realidades laborales, para luego avanzar en las problemáticas de la distribución de ingresos y la pobreza. Para ello, se parte de dos hipótesis, que se intentará validar en el marco de los desarrollos que siguen, a partir del análisis de diversas evidencias empíricas:

- las estructuras económico-productivas de la región, además de tener un impacto relativamente débil en lo referido a la creación de puestos de trabajo, tienen como correlato una alta incidencia del trabajo rural, estatal y diversas modalidades de ostensible precariedad. En su mayoría, se trata de empleos de baja remuneración, de allí que en ambas regiones se manifieste una distribución del ingreso regresiva y que en los años recientes, pese al crecimiento económico experimentado y la consecuente disminución de la desocupación, se haya incrementado la "brecha de la pobreza" entre regiones del país en detrimento del NOA y el NEA; y
- tal dinámica laboral y distributiva trae aparejada la conformación de mercados internos provinciales de escasas dimensiones y fuertemente segmentados, lo que impone límites al tamaño y la diversificación de las respectivas estructuras productivas, en tanto éstas se "ordenan" principalmente en función de lo que es demandado desde el "exterior" (provincias centrales y algunos mercados externos). Esto alienta la reproducción de las tendencias mencionadas configurando el "círculo vicioso" característico de estas regiones asociado a una etapa de "crecimiento sin desarrollo".

---

1 Según la definición del INDEC la población rural es aquella que vive en localidades de menos de 2000 habitantes (agrupada) y la que vive en los campos (dispersa). En relación al país, el norte representa el 45% de la población rural nacional según los datos del censo nacional de población, hogares y vivienda de 2001.

1. Mercado de trabajo rural

La escasa información estadística actualizada, y periódica, sobre las condiciones de vida e inserción laboral de la población rural, no es novedosa. En este sentido, aquí se rescatan datos secundarios, elaborados por diferentes fuentes documentales (estudios académicos y de oficinas públicas) a fin de inferir algunos aspectos relativos al trabajo rural en las provincias del norte.

Si bien estas provincias se caracterizan por un peso importante de la población rural, tal como se ha señalado, la forma de ocupación del espacio rural difiere bastante. Siguiendo los criterios propuestos por Castro y Reboratti (2008), que dan cuenta de una visión más amplia de lo rural y de las interrelaciones rural-urbanas, Napal (2010) determina varias escalas para dar cuenta del grado de ruralidad de los departamentos de las provincias sobre la base de tres parámetros: población rural, tamaño de la localidad más grande y ocupados en el sector agropecuario (ver criterios en el Cuadro 1). Con la aplicación de estos criterios, podemos observar que detrás de la aparente igualdad en torno al peso de la población rural, se esconden importantes diferencias. En efecto, tal como se muestra en el Cuadro 1 mientras en el NEA más del 50% de su población vive en departamentos fuertemente influenciados por lo rural, en el NOA, esos porcentajes se revierten.

Cuadro 1. Distribución de la población en los territorios de las provincias del norte.

Provincia	2001[c]		2010[c]	
	Departamentos Rurales[a]	Aglomerado Capital[b]	Departamentos Rurales[a]	Aglomerado Capital[b]
Chaco	54%	37%	53%	37%
Corrientes	60%	35%	59%	36%
Formosa	54%	43%	53%	44%
Misiones	57%	29%	56%	29%
Total NEA	*56%*	*35%*	*56%*	*36%*
Catamarca	48%	52%	46%	54%
Jujuy	26%	47%	27%	47%
La Rioja	30%	50%	27%	54%

(continúa)

Salta	39%	47%	38%	48%
Santiago del Estero	43%	46%	43%	47%
Tucumán	31%	69%	31%	69%
Total NOA	***36%***	***54%***	***35%***	***55%***

(a) % de Población en Departamentos Rurales: Incluye a la población de los Departamentos caracterizados por:
   - Rurales: Departamentos con toda la población rural (dispersa y/o agrupada según definición INDEC);
   - Centros rurales: Departamentos cuya localidad urbana mayor es menor a 10.000 habitantes y en donde la proporción de Ocupados en la Actividad Agropecuaria es mayor al 15% de los Ocupados Totales del Departamento;
   - Centros urbanos con un importante peso de lo rural: Departamentos cuya localidad urbana más grande es mayor a 10.000 habitantes y menor a 200.000 habitantes y en donde la proporción de Ocupados en la Actividad Agropecuaria es mayor al 15% de los Ocupados Totales del Departamento.

(b) % de Población en Aglomerado Capital: Incluye a la población del Departamento que incluye a la localidad capital de la provincia y a los departamentos que contengan a una localidad que forme parte del aglomerado de la localidad capital.

(c) La caracterización de los departamentos se realizó sobre la base de los datos del CNPHV 2001. Para el 2010 se supuso que la caracterización de los departamentos no varía y el porcentaje se obtuvo de los datos definitivos sobre población por departamentos del CNPHV 2010.

Fuente: Elaboración propia en base a datos del CNPHV (2001 y 2010).

Esta diferenciación tiene su correlato cuando se analiza la problemática de la fuerza de trabajo agrícola, en el marco de las transformaciones de la agricultura en las últimas décadas (Neiman, 2009). Dos tendencias se imponen en torno a los principales productos agrícolas (Aparicio, 2009; Neiman *et al.*, 2006; Neiman, 2009; Rau, 2009; Gorenstein *et al.*, 2011):

- En primer lugar, la disminución de la cantidad de mano de obra requerida por unidad de producto y de tierra. En efecto, a partir de la introducción de nuevos paquetes tecnológicos (semillas, maquinarias, manejo de cultivos, etc.) disminuye sensiblemente el requerimiento de mano de obra por hectárea, al tiempo que aumentan sus rendimientos. Esta mayor tecnificación del campo, y las formas en que se produce la difusión en cada producción, incrementan las barreras a la entrada y a la supervivencia del pequeño productor agropecuario, tal como se ha reseñado en el tratamiento de los complejos productivos regionales. En el mismo sentido, aumenta la participación del asalariado rural entre los ocupados rurales en sustitución de la figura del pequeño productor y su familia. Estas tendencias alteran las estrategias de reproducción de este grupo social con el abandono del asentamiento rural y la asalarización de los miembros de la familia. La urbanización de la mano de obra rural[2] se expresa, a menudo, en el crecimiento de las localidades cercanas, que además de la provisión de servicios a la agricultura funcionan como fuente de ocupaciones no agrarias (pluriactividad del productor y su familia). En este sentido, se constituyen en espacios de contención de mano de obra durante los 'tiempos muertos' de las nuevas modalidades de producción agrícola.

- En segundo lugar, el aumento de la contratación de trabajadores transitorios en la composición de la demanda de empleo por unidad de producto y de tierra. La incorporación de paquetes tecnológicos y maquinaria específica, en los cultivos tradicionalmente intensivos en mano de obra, reducen su necesidad y la concentran en períodos relativamente cortos del ciclo productivo. Además de la situación mencionada en el punto anterior, relativa a la combinación de ocupaciones de residentes en pequeñas localidades urbanas, se construyen, a lo largo del año, ciclos laborales que articulan distintos territorios a través de diferentes circuitos migratorios. La migración no solo impacta a los mercados laborales de origen y destino, sino que modifica sustancialmente la organización familiar y supone, para los que permanecen en los territorios de origen, estrategias de complementación de ingreso asociadas a la inserción en programas sociales y/o marginales en el empleo, junto al acceso a servicios básicos de salud y educación. Estas estrategias familiares son más viables cuanto más importante sea el núcleo urbano de residencia.

¿Cómo se expresan estas tendencias en las producciones y territorios rurales del NEA y NOA? Desde un análisis estilizado se observa:

- En los territorios del NOA donde predominan los cultivos intensivos (Tucumán, Jujuy y Salta) se observa una mayor concentración de la producción y, consecuentemente, una mayor participación de los trabajadores agropecuarios asalariados con respecto a la PEA agropecuaria (Rau, 2009). Los cultivos como el tabaco y el azúcar requieren mano

---

2   Se puede identificar un proceso sostenido en la urbanización de los Trabajadores Agrarios de la Argentina desde hace por lo menos dos décadas (Benencia y Quaranta, 2006).

de obra de carácter transitorio en varios momentos de su desarrollo[3]. Se verifica, entonces, el crecimiento del "trabajador sin tierra" que, en un contexto ahorrador de mano de obra, tiende a una mayor urbanización. Este proceso favorece la posibilidad de "alternar" diferentes ocupaciones rurales y urbanas de carácter transitorio, además de la localización del hogar familiar.

- En las provincias de Misiones y Corrientes (en ese orden), en el NEA, por el contrario, aún se mantiene un importante peso de unidades pequeñas con una alta composición de trabajo familiar en los cultivos intensivos (Aparicio, 2009). El proceso de urbanización también se verifica, aunque está más presente en centros rurales de servicios donde se asientan las oportunidades de acceso a mejores servicios públicos y a la pluriactividad dentro del sector agrícola. En este marco, los procesos de migración cíclica son mucho más limitados.

- Por su parte, en los territorios donde se verifica un proceso más intenso de sustitución de cultivos (el caso de Santiago del Estero y Chaco) se combinan los efectos de una mayor mecanización (del algodón) y la sensiblemente menor demanda de mano de obra de la soja. En este sentido, por un lado, crecen los centros rurales de servicios asociados a las tareas de acopio y dormitorio de mano de obra calificada requerida por los nuevos paquetes tecnológicos. Por otro lado, se profundiza la migración hacia los aglomerados capitalinos, como fuente de ocupaciones alternativas y sede familiar en el proceso migratorio del jefe de hogar. Con respecto a esto último, siguiendo la información registrada en un estudio reciente de Neiman (2009), Chaco y, sobre todo, Santiago del Estero participan del 70% de los cincuenta mil trabajadores rurales transitorios que realizan ciclos de trabajo en los diversos cultivos intensivos nacionales.

En suma, y más allá de las especificidades provinciales, existe una evidente restricción cuantitativa en la generación de puestos de trabajo en el ámbito rural. Pero, además, esta situación se combina con la muy baja "calidad" de los empleos por efecto, entre otros aspectos, de: i) la inestabilidad asociada a la estacionalidad de los ciclos productivos y, por lo tanto, las dificultades que encuentran los trabajadores rurales para generar ingresos de manera relativamente continua; ii) los bajos salarios y

---

3   Estas provincias (Jujuy, Salta y Tucumán) solo reciben trabajadores migrantes en las cosechas, mientras que aportan el 15% de los trabajadores rurales transitorios del país (Aparicio, 2009 y Neiman, 2009).

la escasa formalización (empleo "en negro", trabajo familiar e infantil[4] y otras expresiones de precariedad). Es un hecho conocido que los salarios en el sector agropecuario están muy por debajo de los salarios en general (MTEySS, 2008) ubicándose, en el 2010, en torno a un 57%[5] de las remuneraciones promedio nacionales para los asalariados registrados.

En el norte del país, la situación salarial es incluso más grave; el salario promedio de los asalariados registrados en el NOA y, con mayor intensidad en el NEA, son menores que para el conjunto del país; además, el grado de registración laboral es más bajo que la media nacional (Cuadro 2). Esta última observación permite inferir una peor condición laboral para el conjunto de asalariados agrarios de ambas regiones, cristalizada en situaciones de pobreza estructural que superan ampliamente los valores registrados a nivel nacional (Cuadro 2). En general, esta pobreza es más intensa en los trabajadores con residencia rural, respecto de los que tienen residencia urbana (Rau, 2009), y en particular, en los trabajadores rurales transitorios (Neiman *et al.*, 2006).

Cuadro 2. Remuneraciones promedio y Registración Laboral en el norte.

	Remuneraciones Promedio Sector Agropecuario. ($ corrientes)*	Remuneración Sector Agropecuario Región/Total País. (%)*	Trabajadores Agropecuarios con Aportes Jubilarios. (%)**	Trabajadores Agropecuarios con NBI. (%)**
Total País	2178,5	100,0	46,9	24,8
NOA	1876,5	86,1	41,3	42,1
NEA	1270,1	58,3	37,9	36,6

* Promedio anual 2010.
** Año 2001.
Fuente: Elaboración propia en base a datos de la OEDE del MTEySS y del procesamiento del CNPVyH del 2001 en Rau (2009).

---

4   "En entrevistas realizadas durante trabajos de campo en torno a producciones de tabaco en Jujuy o de yerba mate en Misiones, los fenómenos de trabajo infantil se presentan naturalizados. (…) Por ejemplo, la naturalización del trabajo de los niños recuerda las formas de indiferenciación entre actividades domésticas y actividades productivas, asociadas clásicamente a la organización y funcionamiento interno de las familias campesinas" (Rau, 2009: 20).

5   En base a los datos ofrecidos por el Observatorio de Empleo y la Dinámica Empresarial del MTEySS.

2. Mercado de trabajo urbano

Existe un amplio consenso en que en el período de la post convertibilidad se registró un cambio en la relación entre el crecimiento económico y el empleo con respecto a la década de 1990 (CENDA, 2006; Arceo *et al.*, 2007; Beccaria, 2008). En este marco, se registra una tendencia generalizada hacia la disminución de la tasa de desempleo para el conjunto de los aglomerados considerados en la Encuesta Permanente de Hogares (EPH, INDEC). Los datos aportados por el Cuadro 3 indican que esta disminución se explica por un aumento de nueve puntos porcentuales en la población ocupada, superior al aumento de la población activa, resultando en una disminución de la población desocupada cercana al 50%. En los aglomerados del norte del país se observa, por un lado, que los valores del NOA no difieren mucho de lo que sucede en el conjunto de aglomerados del interior del país (sin considerar GBA, con tasas de actividad y de empleo significativamente más elevadas). Por otro lado, en el NEA se registra una disminución en la tasa de empleo, mientras también disminuye la tasa de desocupación, lo cual sólo es explicable por el escaso crecimiento de la fuerza de trabajo disponible (población económicamente activa) que se refleja en una baja en la tasa de actividad del orden de los 5 puntos porcentuales.

Cuadro 3. Evolución de las tasas de actividad, desocupación y subocupación en el total país, el NOA y el NEA (aglomerados urbanos), 2003-2010* (en porcentajes).

	2003	2010	Tasa de variación de la población
Total país			
- tasa de actividad **	55,6	54,0	5,8
- tasa de empleo **	47,6	50,1	14,7
- tasa de desocupación	14,4	7,3	-46,6
NOA			
- tasa de actividad **	53,8	50,7	8,7
- tasa de empleo **	46,4	47,4	17,7
- tasa de desocupación	13,7	6,6	-47,6
NEA			
- tasa de actividad **	47,7	42,9	3,8
- tasa de empleo **	43,0	41,6	11,6
- tasa de desocupación	9,8	3,0	-67,8

* Datos correspondientes al cuarto trimestre de cada año.
** Tasas calculadas sobre la población mayor de 10 años.
Fuente: Elaboración propia en base a información del INDEC.

Este mejor desempeño de los mercados de trabajo urbanos también se traduce en la mejora de la calidad del empleo[6] en todos los aglomerados (Palomino, 2007; Lavopa, 2008). En efecto, el Cuadro 4 ilustra la creación de puestos de trabajo para período 2003-2010, explicada, en todos los aglomerados, por la expansión de los asalariados registrados en establecimientos de más de cinco empleados, más que compensando la disminución de los asalariados no registrados en el sector formal de la economía. De este modo, se produce un incremento del empleo y una disminución del peso de las ocupaciones precarias en la estructura productiva de todos los aglomerados del norte, al igual que en el resto del país. No obstante, la cantidad de ocupados regionales en el sector informal (al igual que en el conjunto de aglomerados del país) no disminuye, manteniendo un peso importante en la estructura ocupacional, resaltando la fuerte funcionalidad que el sector representa en la organización del trabajo en el país (Salvia *et al.*, 2008).

En suma, la dirección e intensidad de los cambios en toda la región es similar a la del resto del país, no obstante, en el NEA, al partir de situaciones de precariedad más importantes, los ocupados no precarios no alcanzan a representar al 40% de su población ocupada.

Cuadro 4. Participación de las Ocupaciones Precarias y no Precarias. Evolución de la población, 2003-2010*. En porcentaje.

		2003	2010	Tasa de variación de la población
Total país				
Ocup. Precarias	Informales	52,8	45,2	-1,8
	Asal. no reg.	13,9	9,4	-22,0
Ocup. No Precarias	Asal. reg.	30,0	41,8	60,1
	No Asal.	3,4	3,5	19,0

(continúa)

---

6   La calidad se operativiza en la distinción de las ocupaciones entre precarias y no precarias. Dentro de las ocupaciones precarias se incluye la categoría "Informal" y "Asalariados del Sector Formal No registrados". Dentro del Sector Informal se incluyen a los trabajadores por cuenta propia de calificación no profesional; aquellos trabajadores familiares no remunerados; los trabajadores asalariados pertenecientes a microestablecimientos (unidades con 5 o menos ocupados); y a los patrones de microestablecimientos, excluyendo a los que tuvieran calificación profesional, siguiendo las especificaciones de la OIT (Busso, 2010). Por su parte, dentro de los asalariados del sector formal, se consideran "no registrados" a aquellos que declararon no tener descuento jubilatorio de los haberes que percibían por el trabajo que llevaban a cabo, siguiendo las definiciones metodológicas de Neffa *et al.* (2008).

NOA				
Ocup. Precarias	Informales	53,5	46,1	1,5
	Asal. no reg.	16,5	11,2	-20,1
Ocup. No Precarias	Asal. reg.	27,1	39,2	70,2
	No Asal.	2,9	3,5	42,4
NEA				
Ocup. Precarias	Informales	59,3	53,1	-0,2
	Asal. no reg.	15,2	9,8	-27,7
Ocup. No Precarias	Asal. reg.	23,0	34,4	67,5
	No Asal.	2,5	2,6	17,6

* Datos correspondientes al cuarto trimestre de cada año.
Fuente: Elaboración propia en base a información del INDEC

La mejora en la calidad de las ocupaciones, que alcanza a todos los aglomerados del NEA y NOA no puede ocultar la estructura sectorial previa de estos mercados de trabajo. Se trata de un resultado previsible ante la existencia de una estructura productiva que, por su bajo grado de diversificación e industrialización, es relativamente poco generadora de puestos de trabajo. El Cuadro 5 muestra que mientras para el conjunto de los aglomerados del país los sectores más dinámicos fueron la industria, la construcción, los servicios especializados a las empresas y el comercio, en ese orden, la actividad que encabezó la generación de puestos de trabajo en el norte fue la construcción, explicando entre un cuarto y un tercio de las ocupaciones nuevas para el NOA y el NEA respectivamente. En sentido opuesto, la industria lideró la destrucción de puestos de trabajo representando entre un 10 y un 17% para el NOA y el NEA respectivamente.

En el NOA, en particular, tuvo una decisiva incidencia la administración pública, participando en casi uno de cada cinco empleos generados en esas provincias. Para dimensionar mejor lo anterior, el crecimiento del empleo en la rama "Administración Pública" en el NOA explica el 46% de los puestos generados en todos los aglomerados de la EPH en esa misma rama. Por último, con una participación importante aparece el Comercio. En el NEA, por su parte, sólo el sector de la Construcción tiene una participación significativa en la generación de empleo, seguida de lejos por una serie de ramas de actividad entre las que se destacan el servicio doméstico, el transporte, y la administración pública, los servicios de esparcimiento y la enseñanza (con participaciones del orden del 6%).

Cuadro 5. Principales Sectores generadores de empleo en el norte y el Total del País. 2003-2010*. En porcentaje.

NOA		NEA		Total país	
Rama	**Creación de Empleo**	**Rama**	**Creación de Empleo**	**Rama**	**Creación de Empleo**
Construcción	23,3%	Construcción	36,2%	Industria	18,5%
Adm. Pública	18,4%	Serv. Dom.	7,4%	Construcción	14,4%
Comercio	15,3%	Transporte	7,0%	Serv. Empres.	12,4%
	57,0%		*50,6%*		*45,2%*

* Datos correspondientes al cuarto trimestre de cada año.
Fuente: Elaboración propia en base a información del INDEC.

Este patrón de crecimiento del empleo no hace más que consolidar la estructura urbano laboral del norte; predominio de las actividades "refugio" como el empleo estatal, la construcción (inherentemente inestable), el comercio y el servicio doméstico. Estos tres últimos sectores, habitualmente asociados con altos niveles de informalidad y precarización de la mano de obra[7], en esta región exhiben valores superiores al conjunto de los aglomerados de la EPH. Las ramas Administración Pública, Construcción y Servicio Doméstico también se encuentran entre las primeras empleadoras en el total de los aglomerados de la EPH, pero la diferencia, en los casos del NOA y NEA, radica en que tres y cuatro de cada diez, y en ese orden, están ocupados en ellas, mientras que en el resto de los aglomerados son solo dos.

Los datos proporcionados por el Cuadro 6 son por demás elocuentes. Por un lado, porque muestran que en el NOA y el NEA los gobiernos provinciales juegan un rol destacado en calidad de empleadores. En efecto, en los dos años considerados la mayoría de las provincias del norte presentan un plantel cada mil habitantes superior a la media nacional; en el mismo sentido, y profundizando esta dependencia, el crecimiento en la proporción de empleados públicos de la administración provincial en el norte fue superior al registrado en el Resto de las Provincias (por cuatro

---

7   Al respecto Lindeboin (2011) afirma que los asalariados precarizados "se componen en poco más del 40 por ciento con el servicio doméstico y el comercio. La construcción y el transporte explican otro 20 por ciento. (…). Un par de ramas de servicios y la de restaurantes agregan otro 15 por ciento. De tal modo estas siete ramas explican tres de cada cuatro puestos de trabajo precarios".

y siete de cada mil en el NEA y el NOA respectivamente). Por otro lado, al tratarse de un sector que en promedio suele presentar reducidos índices de productividad y salarios, en las provincias del norte el gasto medio mensual[8] se ubica en torno al 80% del promedio nacional, agravando aun más esta situación.

Cuadro 6. Provincias del NOA y el NEA. Relación entre los empleados estatales* y la población provincial, 2003 y 2009 (en valores absolutos).

	Empleados cada 1000 habitantes		Gasto medio mensual.** (Promedio Nacional = 100)
Año	*2003*	*2009*	*2009*
Total NOA	*44*	*56*	*80,5*
Catamarca	68	89	86,9
Jujuy	52	69	80,2
La Rioja	77	84	76,2
Salta	34	45	80,6
Santiago del Estero	43	50	68,9
Tucumán	35	47	86,5
Total NEA	*42*	*53*	*80,0*
Chaco	41	44	77,0
Corrientes	40	52	79,7
Formosa	68	66	89,8
Misiones	36	50	66,3
Resto de provincias	33	38	121,5
Total país	**36**	**45**	**100,0**

* Los datos corresponden a la Administración Central y Organismos Descentralizados.
** Total Gasto en Personal sobre la Planta Ocupada.
Fuente: Elaboración propia en base a información del Ministerio de Economía y Finanzas.

La baja calidad de los empleos genera, a su vez, mayor presión sobre los ocupados con tasas de sobreocupación horaria más elevadas, respecto al resto de los aglomerados (la diferencia es muy importante en el caso del NEA: casi 8 pp.), y, en el caso del NOA, una mayor tasa de ocupados con dos o más ocupaciones.

---

8   Se toma como una aproximación al Salario del Sector Público Provincial.

3. Ingresos, pobreza y distribución[9]

La escasa capacidad de los mercados de trabajo urbanos del norte para generar empleos de mejor calidad también se puede comprobar en términos de ingresos laborales. En efecto, en el NOA y el NEA tienden a manifestarse niveles de ingresos mucho más reducidos de los que se verifican en otras regiones, en particular en el caso de las ocupaciones precarias (Cuadro 7). Dos cuestiones se desprenden de este cuadro: en primer lugar la reducida capacidad de generar ingresos laborales, con la consecuente presión sobre la manutención de los hogares y la mayor posibilidad de caer bajo la línea de pobreza. En segundo lugar, la magnitud de las brecha de ingresos laborales entre las ocupaciones precarias y no precarias, preconfiguran una situación de importante desigualdad en la distribución del ingreso.

Cuadro 7. Ingreso laboral promedio percibido por cada categoría ocupacional en las regiones del NOA y el NEA en su relación con los registros del Total de aglomerados, 2010* (en índice Total país = 100). Brecha de Ingresos entre categorías ocupacionales.

	Ocupaciones precarias		Ocupaciones no precarias		Brecha entre Ing. Laborales no precarios / precarios
	Informales	Asal. No Reg.	Asal. Reg.	No Asal.	
Total país	100	100	100	100	1,93
NOA	60,1	64,6	79,8	89,4	2,56
NEA	74,3	76,2	80,0	66,1	2,03

* Datos correspondientes al cuarto trimestre de cada año.
Fuente: Elaboración propia en base a información del INDEC.

Con respecto al primer punto, los datos de la baja capacidad de los mercados laborales del norte se completan con el Cuadro 8, donde se muestra la participación de las distintas categorías poblacionales en el crecimiento de la población entre 2003 y 2010. En todos los aglomerados el crecimiento de la población estuvo principalmente asociado al aumento de la población inactiva mayor de diez años, no obstante la participación de esta categoría en el NEA es significativamente mayor. En consecuencia,

---

9   Esta sección utiliza información de la EPH continua del INDEC, por lo tanto solo refleja la situación de los aglomerados principales provinciales. Cuando se utiliza información de otra fuente se realiza la aclaración pertinente.

es la única región en donde se registra un aumento en la Tasa de Dependencia de los ocupados[10].Con respecto a esto último, se puede observar que, a pesar de las similitudes en las tendencias entre el NOA y el total de aglomerados de la EPH, el peso de la población inactiva sobre los ocupados es significativamente mayor en el norte respecto del conjunto de aglomerados de la EPH, lo cual supone una mayor presión sobre los ingresos laborales.

Estos datos se complementan con el Cuadro 9, donde se presenta la participación en el crecimiento de la población inactiva de las distintas categorías de inactivos. Aquí es donde se muestran las principales diferencias entre el norte y el resto del país que vienen a reforzar la dependencia mencionada, mientras que en el total de aglomerados el crecimiento de los inactivos está explicado en un 95% por los inactivos con ingresos (principalmente jubilados y pensionados), en el norte esta participación solo alcanza a la mitad, dejando el resto a las categorías asociadas a la carga familiar de los activos (Estudiantes y Amas de Casa principalmente).

Cuadro 8. Tasa de Crecimiento de la Población, 2003-2010*. Participación de cada una de las Categorías demográficas en el crecimiento poblacional y Tasa de Dependencia, 2010*.

	Crec. Pobl.	Pobl. Econ. Activa	Pobl. Inactiva	Pobl. Menor de 10 años	Tasa de Dependencia
Total País	7,0	38,3	66,0	-4,3	1,3
NOA	11,3	33,4	74,8	-8,3	1,5
NEA	12,1	12,2	89,6	-1,8	1,9

* Datos correspondientes al cuarto trimestre de cada año.
Fuente: Elaboración propia en base a información del INDEC.

Cuadro 9. Participación de cada una de las Categorías de Inactividad en el Crecimiento de la Población Inactiva en las regiones del NOA y el NEA y en el Total de Aglomerados, 2003-2010*. En porcentaje.

	Inac con Ingresos	Carga Familiar	Otros
Total país	94,4	1,7	3,9
NOA	51,1	48,9	0,0
NEA	41,4	40,6	18,0

* Datos correspondientes al cuarto trimestre de cada año.
Fuente: Elaboración propia en base a información del INDEC.

---

10   Relación entre población inactiva y desocupada con respecto a la población ocupada.

En ambas regiones se observa una mayor dependencia de los ingresos no laborales en los ingresos totales per cápita, con una alta incidencia de los programas sociales (superior al total nacional). Diferencia que no puede suprimir la brecha de ingresos con respecto a los aglomerados del país, y que se traduce en niveles de pobreza e indigencia mucho más altos (Cuadro 10).

En efecto, al calor de la expansión económica y la caída del desempleo, en las dos regiones analizadas bajó fuertemente la pobreza por ingresos medida por el INDEC (lo mismo que la indigencia), no obstante hasta el año 2008 aumentó de manera considerable el "diferencial de pobreza" en algo más de 14% en el caso del NOA y en casi 40% en el del NEA[11]. Estas constataciones plantean importantes matices en cuanto al *boom económico*" experimentado por las economías regionales de la Argentina, durante el período transcurrido de la posconvertibilidad. Cabe advertir, sin embargo, que la situación anterior se revierte en el año 2010, a partir de la implementación de la Asignación Universal por Hijo, verificándose que dicho diferencial se atenúa de manera considerable, en particular para el caso de la población indigente (Cuadro 11 y Agis *et al.*, 2010).

Cuadro 10. Composición del Ingreso Individual per cápita y peso relativo de los Ingresos no laborales para las regiones del NOA y el NEA y el total de aglomerdos, 2010*.

	Ingresos laborales per cápita (a)	Ingresos no laborales per cápita (b)	Peso relativo Ingresos no Laborales. (b/a+b)
Total país	1089,9	252,0	18,8
NOA	737,3	222,6	23,2
NEA	619,1	205,7	24,9

* Datos correspondientes al cuarto trimestre.
Fuente: Elaboración propia en base a información del INDEC.

---

11 El "diferencial de pobreza" surge de la relación entre el porcentaje de personas bajo la línea de pobreza en una región determinada y en el total del país.

Cuadro 11. Evolución de las personas bajo la línea de pobreza e indigencia por provincias y regiones, 2003-2008* (en porcentajes e índice total país=100).

	2003		2005		2008		2010	
	Indigencia	Pobreza	Indigencia	Pobreza	Indigencia	Pobreza	Indigencia	Pobreza
Total NOA	*26,2*	*60,3*	*18,5*	*49,8*	*5,1*	*21,0*	*2,1*	*11,8*
Catamarca	20,8	55,4	17,0	52,4	4,6	20,4	3,7	14,1
Jujuy	25,5	62,6	18,3	58,3	4,1	20,4	0,7	9,6
La Rioja	21,0	51,5	7,5	35,6	3,3	17,2	1,8	9,7
Salta	27,2	61,7	19,6	49,7	5,4	22,7	2,4	12,2
Santiago del Estero	28,4	58,7	17,8	49,7	7,3	26,0	2,5	15,9
Tucumán	27,1	62,0	21,0	49,0	4,8	18,7	1,8	10,3
Total NEA	*33,9*	*64,5*	*22,7*	*41,9*	*8,6*	*28,7*	*3,7*	*18,5*
Chaco	31,5	65,5	26,5	43,1	11,2	30,2	4,0	19,4
Corrientes	41,4	68,7	24,6	44,0	7,3	27,4	3,6	19,0
Formosa	31,1	60,4	16,0	39,3	4,3	23,4	3,4	13,6
Misiones	30,5	61,2	20,8	39,8	10,2	32,5	3,6	20,7
Total GBA	*18,9*	*46,2*	*10,3*	*30,9*	*4,1*	*14,9*	*2,2*	*9,1*
Total país	**20,5**	**47,8**	**12,2**	**33,8**	**4,4**	**15,3**	**2,5**	**9,9**
Total país = 100	**100**	**100**	**100**	**100**	**100**	**100**	**100**	**100**
Total NOA	127,8	126,2	151,6	147,3	115,9	137,3	83,9	118,7
Total NEA	165,4	134,9	186,1	124,0	195,5	187,6	148,8	186,8
Total GBA	92,2	96,7	84,4	91,4	93,2	97,4	90,0	92,2

* Datos correspondientes al cuarto trimestre de cada año.
Fuente: Elaboración propia en base a información del INDEC.

Otra situación que merece ser resaltada es la vigencia de un patrón de distribución del ingreso sumamente regresivo. Por un lado, las bajas remuneraciones de los trabajadores (derivados de diversas problemáticas del mercado laboral) sumado al diferencial de ingresos entre los ocupados precarios y no precarios; por otro lado, la elevada renta que se genera en los sectores económicos preponderantes captada, principalmente, por los propietarios de las grandes empresas –hegemónicas en los diferentes ámbitos provinciales– y, en menor medida, por el personal jerárquico que se desenvuelve en las mismas, un núcleo selecto de pymes ligadas de modo directo o indirecto con las producciones líderes y ciertos estamentos de la burocracia estatal.

En efecto, en el Cuadro 12 se observa que la distribución del ingreso entre los hogares de los aglomerados capitales del norte es más regresiva que la registrada en los partidos del Gran Buenos Aires[12], situación que se agrava si se considera la distribución individual del ingreso per cápita. Más aun, si se utiliza la información de la Encuesta Anual de Hogares Urbanos, que da cuenta no sólo de las ciudades capitales, sino también de las localidades de más de 5000 habitantes, podemos advertir que la situación de inequidad es mucho más marcada en el interior de estas provincias[13]. Esta situación de elevada desigualdad se suma y potencia el cuadro regresivo que se manifiesta en el interior de las diferentes actividades en torno de las cuales se estructuran las lógicas de acumulación y reproducción del capital en las provincias.

Cuadro 12. Índice de GINI de la distribución del ingreso total familiar por Hogares y de la distribución del ingreso per cápita individual en el GBA y los distintos aglomerados urbanos (EPH) y del total urbano de las provincias (EAHU) del NOA y el NEA, 2010*.

Aglomerado / *Provincia*	Gini Ingreso Total de los Hogares	Gini Ingreso per cápita Individual
GBA	27,1	39,1
Posadas	29,9	45,6
Misiones	*41,5*	*46,5*
Resistencia	27,9	41,2
Chaco	*43,0*	*46,9*
Corrientes	29,4	44,3
Corrientes	*42,8*	*48,0*
Formosa	21,4	39,2
Formosa	*41,4*	*45,4*
Santiago del Estero	25,2	39,7
Santiago del Estero	*38,7*	*40,9*
Jujuy	27,8	39,9
Jujuy	*38,9*	*40,6*
Catamarca	29,4	42,2
Catamarca	*42,4*	*46,9*

(continúa)

12   Con la excepción de Formosa, Santiago del Estero y La Rioja, en todos los aglomerados urbanos relevados se observa que el índice de GINI para la distribución del Ingreso en los Hogares supera en forma holgada los registros del Gran Buenos Aires.

13   Hay que aclarar, que estas medidas de desigualdad no terminan de dar cuenta de la gravedad de las situaciones de desigualdad, debido a que no incluyen a la población rural y a las pequeñas localidades que representan una porción importante de la población.

Salta	28,4	42,6
Salta	*43,3*	*46,2*
La Rioja	26,0	40,4
La Rioja	*38,3*	*40,8*
Tucumán	31,6	44,3
Tucumán	*36,7*	*44,2*

* Datos correspondientes al cuarto trimestre y al tercer trimestre.
Fuente: Elaboración propia en base a información del INDEC.

A modo de conclusión

Más allá de las especificidades provinciales, la estructura productivo-industrial prevaleciente en el NOA y el NEA posee un relativamente débil "efecto arrastre" sobre los respectivos mercados laborales a raíz de que, por lo general, las producciones líderes presentan reducidos coeficientes de requerimiento de mano de obra. En consecuencia, se trata de un problema por el lado de la demanda que se vincula con el perfil de especialización existente y que se potencia por el hecho de que una proporción importante del empleo generado, sobre todo en la fase primaria, es muy pobre en lo que atañe a su "calidad", como se observa en el primer acápite. A ello se suma que en los ámbitos urbanos, hacia donde migra mucha población en busca de mejores oportunidades laborales y condiciones de vida que las vigentes en el interior provincial, suelen abundar empleos en actividades informales y/o de baja productividad (ciertos servicios y actividades comerciales, construcción, administración pública, etc.).

La dinámica laboral y distributiva descripta trae aparejada la conformación de mercados internos provinciales de escasas dimensiones y fuertemente segmentados, lo cual marca, en ausencia de una política nacional de desarrollo regional, un límite a la posibilidad de avanzar en la redefinición del perfil de especialización característico del NOA y el NEA y la situación de subdesarrollo regional asociada.

En primer lugar, por el hecho de que las producciones dinámicas de las provincias tienen como referencia y eje de realización otros mercados (de las provincias centrales y/o del extranjero), lo cual sesga el perfil de especialización provincial hacia lo que el "exterior" demanda. Se trata, en general, de productos procedentes de rubros primarios o ligados a las primeras etapas del procesamiento manufacturero, con lo que se refuerzan las señaladas tendencias en la estructura productiva (en lo sectorial y lo atinente a los diferentes actores involucrados) y, por esa vía, se generan mayores obstáculos para empezar a desandar el complejo e histórico problema estructural de demanda laboral que se planteó, con su correlato, en términos de distribución del ingreso.

En consecuencia, la escasa demanda interna y la dinámica "externa" tienden a profundizar en cada provincia una especialización en muy pocos productos, acorde a una "distribución territorial de la producción" cada vez más distante de una estructura productiva y un perfil de consumo conducentes a un proceso de desarrollo regional. Los mercados centrales y de exportación demandan productos básicos baratos (al menor costo posible)[14] y de calidad (especialización provincial en una reducida gama de bienes), confluyendo en escasos eslabonamientos productivos y de servicios vinculados a la producción agropecuaria y agroindustrial que, en otro escenario, podrían actuar como mitigadores de los procesos de migración y las condiciones de vida prevalecientes en las zonas rurales.

En segundo lugar, porque una demanda interna "achatada" pone límites al tamaño y la diversificación del tejido productivo provincial. Ello, por cuanto el consumo local no tracciona mayormente por estructuras de empleo y distribución del ingreso. A su vez, los establecimientos de venta más importantes (hipermercados, grandes centros de consumo, etc.), generalmente de capitales extra-provinciales y orientados a los sectores de mayores ingresos, son abastecidos mayoritariamente por mercancías de fuera de la provincia siguiendo la pauta de consumo de las poblaciones de altos ingresos de las grandes ciudades[15]. En este caso, una suba en el flujo de ventas de estas unidades de comercialización en lugar de indicar una mayor producción local y una mejora en la situación de la población, es expresión de la concentración del ingreso y una disminución en el *stock* de riqueza provincial.

De las consideraciones se desprende la existencia de una retroalimentación negativa que se ha venido manifestando entre la estructura económica prevaleciente en el norte del país y el patrón laboral y distributivo allí vigente. En la posconvertibilidad, este círculo vicioso se expresó en la profundización de un esquema de acumulación basado en la explotación de recursos naturales, sin alterar las problemáticas estructurales de la región en lo productivo, lo laboral y lo distributivo.

---

14 Fundamentalmente en el nivel de los costos salariales, dadas las "rigideces" de otros costos de producción (flete, insumos, energéticos, carga impositiva, etc.).

15 Esto contrasta con los hábitos de consumo de una parte importante de la población de las provincias del NOA y el NEA que, ante el reducido poder adquisitivo de sus ingresos, prioriza otros circuitos de aprovisionamiento (auto-producción, mercados comunitarios, segundas y terceras marcas, etc.).

Esta situación deviene, entre otras cuestiones, del rol que el NOA y el NEA ocupan dentro del sistema productivo nacional, básicamente como productores de bienes derivados de las ventajas comparativas y sólo marginalmente como mercados de consumo. En el estado actual, ambas cuestiones recrean los perfiles de especialización de estas provincias y el distanciamiento progresivo de las condiciones de vida entre la región central y el norte del país, es decir, las condiciones del subdesarrollo regional.

Bibliografía:

Agis, E.; Cañete, C. y Panigo, D. (2010) "El impacto de la asignación universal por hijo en Argentina". Documento de Trabajo CEIL-PIETTE CONICET.

Aparicio, S. (coord.) (2009) "Tabaco, mercado de trabajo y cultura en Jujuy", Informe Final, Buenos Aires: Programa de Promoción de la Investigación, formación y divulgación sobre riesgos del trabajo/Superintendencia de Riesgos del Trabajo.

Arceo, N.; Monsalvo, A.P. y Wainer, A. (2007) "Patrón de crecimiento y mercado de trabajo: Argentina en la post-Convertibilidad", *Realidad Económica* nro. 226, IADE, Buenos Aires, febrero-marzo.

Beccaria, L. (2008) "El mercado de trabajo luego de la crisis. Avances y desafíos", en Kosacoff, B. (ed.) *Crisis, recuperación y nuevos dilemas. La economía argentina, 2002-2007.* CEPAL, Buenos Aires.

Bendini, M. y Lara Flores, S. (2007) "Espacios de producción y de trabajo en México y Argentina. Un estudio comparado en regiones frutihortícolas de exportación", *Revista Interdisciplinaria de Estudios Agrarios* nro. 26 y 27, 1° y 2° semestre, Buenos Aires, pp. 23-62.

Benencia, R. y Quaranta, G. (2006) "Los mercados de trabajo agrarios en la Argentina: demanda y oferta en distintos contextos históricos", *Estudios del Trabajo*, nro. 32, pp. 81-120.

Busso, M. (2010) "Trabajo informal: una categoría en tensión(es)", en Busso, M. y Pérez, P. (comps.) *La corrosión del trabajo. Estudios sobre informalidad y precariedad laboral.* Miño y Dávila editores, CEIL-PIETTE/Trabajo y Sociedad, Buenos Aires.

Castro y Reboratti (2008) "Revisión del concepto de ruralidad en la Argentina y alternativas posibles para su redefinición". *Series Estudios e Investigaciones* nro. 15, PROINDER.

CENDA (2006) "El nuevo patrón de crecimiento y su impacto en el empleo", *Notas de la Economía Argentina* nro. 2, septiembre.

Davis, M. (2004) "Planeta de ciudades-miseria. Involución urbana y proletariado informal", *New Left Review* nro. 26, pp. 5-34.

Gorenstein, S.; Olea, M.; Pasciaroni, C. y Urriza, G. (2011) "Topicos del Debate Contemporáneo sobre Ruralidad e Intermediación Urbana. Aportes para Estudios en Argentina", en Randolph, R. y Candice Southern, B. (orgs.) *Expansão metropolitana e transformações das interfaces entre cidade, campo e região na América Latina*, Espaço & Sociedade, Max Limonad, Río de Janeiro.

Lavopa, A. (2008) "Crecimiento económico y desarrollo en el marco de estructuras productivas heterogéneas. El caso argentino

     ¿Crecimiento o desarrollo? El ciclo reciente en el norte argentino

en el período 1991-2006", en Lindenboim, J. (comp.) *Trabajo, ingresos y políticas en Argentina. Contribuciones para pensar el Siglo XXI.* Eudeba, Buenos Aires.

Lindeboin, J. (2011) "Afinando el lápiz" en suplemento *Cash* del diario *Página 12*; 30 de abril, disponible en http://www.pagina12.com.ar/ diario/suplementos/cash/17-5135-2011-04-30.html

MTEySS (2008) "Diagnóstico laboral del sector agropecuario", Ministerio de Trabajo, Empleo y Seguridad Social de la Nación, Buenos Aires.

Napal, M. (2010) "Segunda etapa de la propuesta de elaboración de informes periódicos sobre la situación nacional y provincial en que se desenvuelve la estrategia de desarrollo rural y agricultura familiar". Informe Final PROINDER, Ministerio de Agricultura, Ganadería y Pesca, Buenos Aires.

Neffa, J.C. (coord.) (2008) "La Informalidad, la precariedad laboral y el empleo no registrado en la provincia de Buenos Aires". Ministerio de Trabajo de la provincia de Buenos Aires/CEIL-PIETTE, CONICET, Buenos Aries.

Neiman, G. (2009) "Estudio exploratorio y propuesta metodológica sobre trabajadores agrarios temporarios migrantes", Segundo Informe de Consultoría, PROINDER, Buenos Aires.

Neiman, G.; Bardomás, S.; Berger, M.; Blanco, M.; Jiménez, D. y Quaranta, G. (2006) *Los asalariados del campo en la Argentina. Diagnóstico y políticas.* PROINDER, Buenos Aires.

Palomino, H. (2007) "La instalación de un nuevo régimen de empleo en Argentina", Ponencia presentada en el 8vo Congreso Nacional de Estudios del Trabajo, ASET, Buenos Aires, agosto.

Rau, V. (2009) "Estudio de actualización sobre la incorporación de los asalariados transitorios agropecuarios a un proyecto de inclusión social", *Series Estudios e Investigaciones* nro. 22. PROINDER, Buenos Aires.

Salvia, A.; Comas, G.; Gutiérrez Ageitos, P.; Quartulli, D. y Stefani, F. (2008) "Cambios en la estructura social del trabajo bajo los regímenes de convertibilidad y posdevaluación", en Lindenboim, J. (comp.) *Trabajo, ingresos y políticas en Argentina. Contribuciones para pensar el Siglo XXI.* Eudeba, Buenos Aires.

Wallerstein, I. (1997) "La reestructuración capitalista y el sistema-mundo" Conferencia magistral en el XX° Congreso de la Asociación Latinoamericana de Sociología, México, 2 al 6 de octubre de 1995. Disponible en: http://fbc.binghamton.edu/iwlameri.htm#top

Capítulo VII
Conectividad y accesibilidad en el norte argentino

Alicia Castagna e Isabel Raposo

Las condiciones de aislamiento resultantes de la inequidad y la escasa integración territorial de las regiones "periféricas" en el país han sido tradicionalmente un tema marginal dentro del debate económico académico. La problemática del desarrollo de estas regiones se ha asociado, con frecuencia, a cuestiones relativas a desequilibrios que se derivan de los procesos de concentración del capital (Manzanal, 1999), el bajo nivel de inversiones económicas en el territorio (Gatto, 2005) y, tal como se analiza en capítulos anteriores de esta obra, a la dinámica de acumulación y apropiación del excedente en los complejos productivos de la región. La falta de integración entre regiones, consecuencia de las debilidades de un modelo de comunicación en la Argentina, persisten y se expresan mediante privilegios a la producción exportable, escaso desarrollo del mercado interno y fuerte concentración de la población y las rentas en los espacios centrales. El planteo territorial resultante sigue sesgado hacia la concentración; lo que antes fuera el ferrocarril y años después la estructuración de la red vial jerarquizada, hoy se reafirma a través de las comunicaciones o el transporte aéreo en el país (Grimson, 2008: 89).

La conectividad de los centros y el grado de accesibilidad de la región describen un patrón ocupacional y de relación, que necesariamente debe ser reconocido a la hora de indagar los condicionantes para el desarrollo. Constituyen, además, un ámbito particular e importante para definir políticas públicas (Campolina Diniz, 2003) que apunten a la reproducción del capital regional y al mejoramiento de las condiciones de vida de la población.

Desde esta perspectiva, en el presente capítulo se analizan los elementos que hacen a la conectividad y acceso dentro del sistema regional. La importancia de los flujos es complementaria a la interpretación del sistema de centros y fundamental para comprender la funcionalidad y proyección de todo el territorio cuyos aspectos económicos se han visto en los capítulos anteriores. De igual manera se ve afectada la población al carecer de servicios importantes que podrían mejorar sus condiciones de vida.

1. Conectividad de la red urbana

El sistema urbano se estructura mediante ejes de interconexión que, con mayor o menor jerarquía de enlaces, densidad y distribución en el territorio, establecen niveles de articulación entre poblaciones y recortan espacios marginales o vacíos, sin acceso o con dificultades para la comunicación. La conectividad del territorio depende, entonces, de la cantidad de "uniones o articulaciones" que se establecen entre un grupo de localidades entre sí. La organización alrededor de centros o nodos que concentran y procesan flujos de información, personas o bienes, entre otros, desempeña un papel clave en la prestación de servicios y distribución de bienes para las sociedades en un espacio mayor y próximo constituido en las llamadas "áreas de servicios", tal como se conciben en el marco de la Teoría de los lugares centrales (Fujita *et al.*, 2000; Camagni, 2005).

Los nodos generan ventajas de aglomeración y economías de escala, tanto para las personas como para las empresas que se traducen habitualmente en costos que serán afrontados en forma diferencial; éstos serán tanto mayores en función no sólo de la escala de ciudad sino del grado de "accesibilidad" que cada una de ellas esté en condiciones de ofrecer.

La configuración territorial, como mixtura de espacios rurales y urbanos resulta particularmente significativa en las provincias del norte, si se tiene en cuenta el peso que aún detenta la población rural, habiendo un claro predominio del espacio no construido (naturaleza) por sobre la distribución de pequeños centros urbanos y algunos aglomerados en expansión. Las ciudades capitales de provincia concentran cerca del 40% del total de población en tanto el mayor crecimiento demográfico se da en las ciudades menores con población comprendida en el rango de entre diez y veinte mil habitantes. La dispersión poblacional en ambientes rurales o pequeños centros agro-rurales, pese a su retracción, es un fenómeno particularmente intenso en la región, que refiere a dificultades de accesibilidad de estas poblaciones atravesadas por la persistencia de hábitos de vida conectados con viejas tradiciones del lugar.

Este sistema de ciudades, con sus áreas de influencia y redes que estructuran la movilidad, es fruto de un proceso que –a través del tiempo y dado los desajustes y deficiencias– ha consolidado una estructura territorial de posicionamiento claramente marginal. En relación a su funcionalidad (según se trate de actividades de producción, intermediación o reproducción social) los centros de la región definen jerarquías, las que no son ajenas a la escala de ciudad y al rol que le cabe a cada centro en la región. Así, la distribución de la población define un patrón de urbanización con diferencias sustanciales en función de la escala del centro y las jerarquías persisten como "memoria territorial" en tanto la conectividad lentamente varía, integrando partes del territorio en función de la atractividad que estos centros puedan generan.

2. Accesibilidad del territorio

Múltiples razones y factores explican, desde la condición de accesibilidad, la organización, distribución y jerarquía de los nodos en función de una configuración determinada. Razones históricas prevalecen junto a los medios de transporte y comunicación en definir esa relación; también existen ciertas características como las particularidades de la población (orígenes, hábitos de desplazamientos, costumbres, migraciones) determinantes en este aspecto al igual que los recursos productivos orientados al consumo y los servicios (suelos, tipos de actividades, tecnologías y conocimientos, servicios, entre otros).

Si se entiende por "accesibilidad" la superación de barreras impuestas a la movilidad de personas y bienes o servicios, poder superarlas implica disponibilidad o mejoras en la proximidad, optimizando tiempos y costos de transporte, o bien acceder a servicios, a contactos humanos o a recursos ubicuos como posibilidad superadora. El desarrollo económico de una región está en relación directa con la accesibilidad a las localidades que la componen y, en general, las que tiene un mayor nivel competitivo son las que resultan mejor posicionadas.

La interacción entre centros genera movilidad y ésta se expresa en flujos a partir de "campos gravitatorios" que responden a la localización de actividades en el territorio, habiendo distancias y barreras que superar para el acceso. Para definir interacciones se utiliza con frecuencia el modelo gravitatorio, donde la atracción de un centro refiere a una relación directamente proporcional a la masa e inversamente proporcional a la distancia[1].

Para aproximar la conectividad en el territorio (Méndez, 1997) se utilizan flujos diversos como llamadas telefónicas, viajes de pasajeros, desplazamientos de cargas, flujos financieros o tecnológicos, entre otros. Por otra parte, frente al desarrollo tecnológico de los últimos años, se redujeron los costos de transportación y comunicaciones, y se multiplicó la conectividad informacional, sin necesidad en muchos casos de conti-güidad física, modificando los patrones de especialización y concentración productiva (Castells, 1999). En este sentido, la tendencia definida por las redes –pese a la persistencia de ciertos componentes tradicionales– hace al cambio en la relación de las ciudades con sus entornos, definiendo un nuevo modelo de ocupación del territorio. La disponibilidad de infraestructura (incluyendo la vinculada a las nuevas tecnologías) y las condiciones de acceso al equipamiento y los servicios sociales básicos (energía, trans-porte, comunicaciones, vivienda, salud, educación) definen el dinamismo territorial así como la calidad de vida de la población.

2.1. Redes y flujos de transporte terrestre en el norte argentino

La conectividad entre los principales núcleos urbanos del norte argen-tino se define esencialmente mediante la red vial y de servicios de auto-transporte, tanto en cargas como pasajeros, a través de la cual hoy se canaliza el grueso de los desplazamientos hacia y desde esta región. Orga-nizada como dos subsistemas de movilidad con bajo grado de interrelación y articulados a través de los grandes ejes viales que definen la estructura nacional, responde a un patrón territorial convergente sobre la región central del país, especialmente el frente fluvio-industrial junto al complejo portuario exportador y la Ciudad de Buenos Aires.

Los dos ejes viales estructurales de interconexión en el caso del NOA son las rutas nacionales N° 9 y 34 que vinculan las capitales de provincias (Santiago, Tucumán, Salta y Jujuy); y en el caso del NEA, las rutas Nacio-nales N° 11 y 12 que relacionan las ciudades de Resistencia, Formosa, Corrientes y Posadas. Ambos pares actúan como grandes corredores viales (máxima jerarquía nacional) y son los que canalizan los desplazamientos entre estas regiones y los países limítrofes como Bolivia y Chile, en el primer caso, o Paraguay y Brasil en el segundo.

---

1   También se apela a la idea de "accesibilidad generalizada", que refiere a la relación entre un centro y los vínculos que teje en el espacio que lo rodea (Camagni, 2005: 71).

La organización de corredores define una salida rápida para muchas grandes producciones locales que no pueden ser naturalmente "retenidas" en la región y que buscan la salida a la exportación a través de los puertos del litoral fluvio-marítimo (entre ellos están los grandes complejos de producción orientados a mercados mundiales: granos, en especial soja, azúcar, maderas, cítricos, producciones de la minería y otros).

En los últimos años mejoró la conectividad interna de la región apuntando a una mayor interacción entre las ciudades principales mediante la ejecución de tramos faltantes de la red y la rehabilitación de segmentos deteriorados. De igual manera, se incrementó la accesibilidad con los países limítrofes a través de la apertura o reforzamiento de pasos internacionales, dotados ahora de servicios especiales tanto para las cargas como para las personas (un ejemplo son los casos de Jama y Salvador Massa-Yacuiba en Salta, o Paso de los Libres y Santo Tomé en Corrientes, entre otros). La inversión pública se focaliza, siguiendo criterios de descentralización e integración regional, en el reforzamiento de redes y busca consolidar una malla vial que por hoy luce muy poco estructurada (con tramos faltantes y vacíos intersticiales) en el tiempo.

No obstante las mejoras reconocidas en la trama vial, la movilidad de personas y productos desde y hacia las economías regionales se ve seriamente condicionada producto de las grandes distancias por recorrer para acceder a los principales mercados de consumo interno o con destino a su embarque hacia mercados externos. La falta de respuestas en tiempo y forma en cuanto a concreción de las inversiones viales, no ha hecho sino postergar la conectividad entre los centros urbanos y sumar niveles de conflictividad a una movilidad "dificultada" por las distancias a recorrer y los altos costos de transporte y logística[2].

Una aproximación a la accesibilidad regional se puede obtener a través del análisis de los flujos en la red[3] (Figura 1). En los últimos años se ha dado un aumento considerable en los niveles de tránsito en las principales rutas nacionales y provinciales de jerarquía (fruto de una alta tasa de motorización y falta de inversiones en mayor capacidad de las vías). Esta condición se traslada al incremento en el valor de los fletes (ya elevados

---

2   Al incremento en el valor de los fletes colaboró el proceso de concesión que durante la década del noventa, y mediando el cobro de peajes, se dio en los principales corredores viales del país.

3   Para ello, la información de TMDA (Tránsito Medio Diario Anual) que elabora la Dirección Nacional de Vialidad permite identificar claramente los subsistemas NEA-NOA así como los intentos de vinculación, aún incipientes; un importante quiebre (coincidente con vacíos territoriales o falta de centros intermedios de peso y actividad productiva que diferenciar).

por las distancias y un marcado desequilibrio en cuanto al factor de ocupación de bodegas de camión) tornando inviable muchas producciones regionales o actuando en la redefinición de las explotaciones con, por ejemplo, el cambio en la unidad mínima rentable de explotación en el caso del algodón (ver Complejo algodonero) o la aproximación de grandes empresas industriales del sector madera a las plantaciones (Complejo foresto-industrial).

Figura 1. Red Vial Nacional y TMDA equivalente. Año 2004.

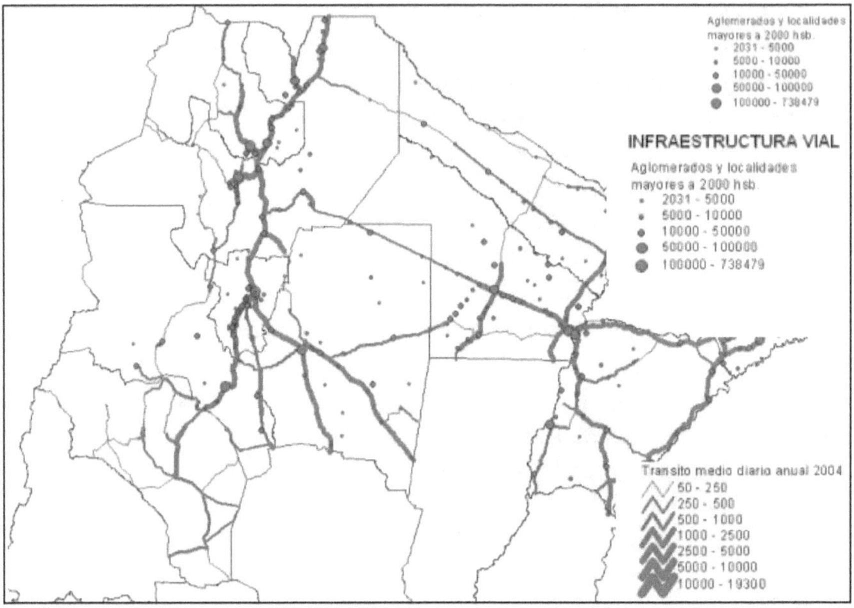

Fuente: Ministerio de Planificación Federal, Inversión Pública y Servicios.

En suma, en estos años han sido los intereses del mercado y no los de la sociedad los que se antepusieron, dando lugar a la emergencia de polos o nuevas jerarquías de centros vinculados al turismo o las producciones exportables, y también a una conectividad "selectiva" con nuevos tramos de ruta (como en el caso de la ruta nacional N° 40 fragmentados y con baja interconexión con otras zonas del país. Ello ha generado fuertes asimetrías territoriales a partir de demandas puntuales y no en función de ganar una accesibilidad generalizada (Grimson, 2008: 90). También es cierto que en la última década se ha dado una mayor inversión pública en infraestructura vial –se triplicó la realizada en la década del noventa–, si bien las obras públicas no cuentan hoy con prácticamente ningún recurso del sector privado[4] (Barbero *et al.*, 2011: 23).

El ferrocarril es el medio de transporte terrestre que marca un antes y un después en la ocupación de buena parte del territorio nacional. Desde 1875 hasta 1914 el rápido avance en la construcción de ramales determinó que la tracción a sangre cediera su lugar en favor del mismo, particularmente en la zona central del país, donde se concentró la expansión agroexportadora y la inmigración extranjera. Ello generó una fuerte impronta territorial en la región.

Las economías regionales del NOA, y en menor medida el NEA (que complementa sus traslados a través del eje fluvial de la región: el río Paraná) accedieron al contacto con el litoral fluvial y marítimo mediante la expansión de inversiones ferroviarias complementarias a los tendidos principales, tratando de conseguir la salida para muchas producciones hasta entonces marginadas del mercado, reforzando el patrón territorial en base a un esquema concentrado sobre el eje portuario de exportación (Alonso, 1992).

Pese a estar considerado como un medio de transporte apropiado y económico para largas distancias, y a menor costo que el autotransporte, en las últimas décadas se desactivaron, progresivamente, buena parte de los ramales extra pampeanos. Esto afectó en forma directa a varias poblaciones del norte, e impactó especialmente sobre la pequeña producción, mientras que los grandes complejos productivos han sabido capitalizar los beneficios de transportar grandes volúmenes, manteniendo un manejo cuasi-monopólico de este medio de transporte en la región (productos de la minería, soja, azúcar, y otros). Es precisamente en los años noventa cuando la reestructuración del ferrocarril derivó en el esquema actual "recortado" de servicios, con cierre de ramales y varios segmentos de la red prácticamente inoperables por obsolescencia, en tanto se concesionaron a privados los corredores ferroviarios principales para su explotación exclusiva con cargas (Figura 2).

Entre los operadores actuales: Nuevo Central Argentino, All Mesopotámico y Belgrano Cargas SA, es este último el que mayor extensión de vías férreas tiene en explotación en el norte, a la vez que menores flujos de carga desplaza (936 mil toneladas al año 2008), mayor valor de flete

---

4   Si bien el aumento de fondos público destinados a las obras viales es sensiblemente mayor, estos valores permanecen muy por debajo de los parámetros internacionales. Argentina invirtió el 0,7 de su PBI cuando el promedio internacional estaba en 1,3% durante el año 2008.

unitario percibe y, también, el que requiere mayores inversiones para su rehabilitación y capitalización en medios de movilidad. El potencial de este ferrocarril de trocha métrica radica en la posible interconexión con otras empresas ferroviarias de países limítrofes (Bolivia y Chile) y favorecería la interconexión NOA-NEA a través de los ramales que conectan el NOA con los puertos de Barranquera y Formosa en el NEA.

Figura 2. Flujos de cargas ferroviarias. Toneladas generadas 2004.

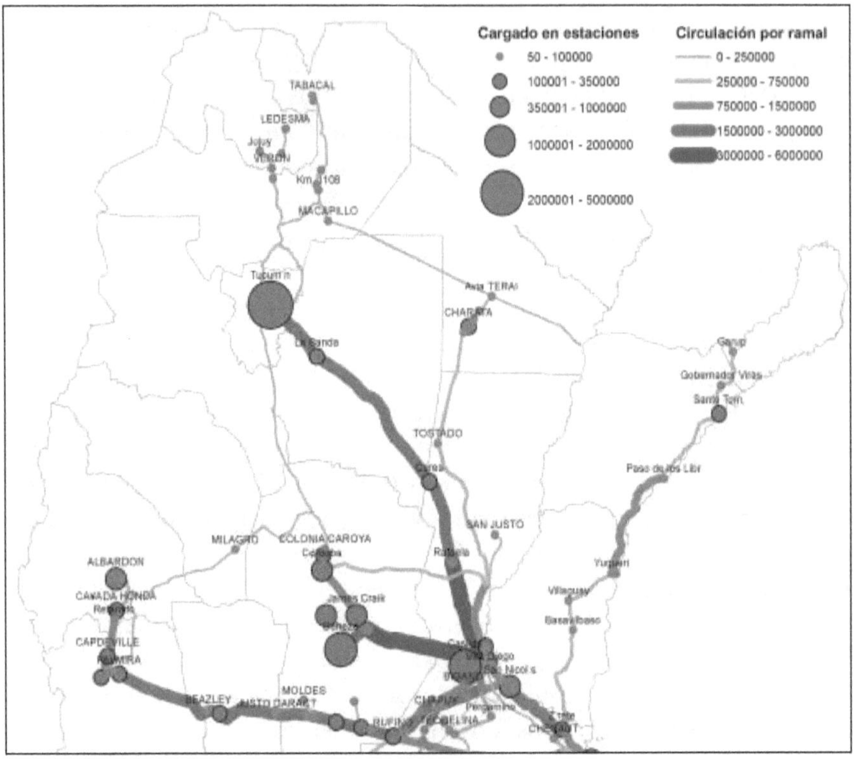

Fuente: Ministerio de Planificación Federal, Inversión Pública y Servicios.

Hoy las cargas que aún trasporta el ferrocarril se dan sobre el corredor del NCA entre Tucumán y el litoral fluvial (Santa Fe, Rosario, Zárate- Campana y Buenos Aires). Se trata esencialmente de granos y subproductos: maní, porotos, aceites y azúcar, movimiento de contenedores, minerales (concentrado de oro-cobre) y frutas. Por su parte, All Mesopotámico desplaza poco tonelaje perdiendo progresivamente participación (1209 millones de toneladas al año 2008) en el conjunto de cargas nacionales, siendo los productos más importantes granos, maderas, cítricos y contenedores. Mediante esta empresa es posible la interconexión con Paraguay y mejorar los tráficos con Brasil. Se requieren fuertes inversiones para la rehabilitación de estos ramales que no se han concretado en los últimos años.

Según los lineamientos de política ferroviaria, en el largo plazo se intentará favorecer la formación de Corredores de Integración.[5] En uno y otro caso son proyectos a muy largo plazo y demandan no sólo financiamiento externo sino, además, una férrea y persistente decisión política capaz de sostener estas inversiones en el tiempo. En líneas generales los flujos ferroviarios son hoy protagonistas secundarios (aunque fundamentales) de la inserción productiva regional.

La movilidad de personas se focaliza sólo en tres emprendimientos localizados: TUFESA (Tucumán Ferrocarriles SA.), SEFECHA (Servicios Ferroviarios de Chaco) y Ecotren en Salta. En todos los casos se trata de servicios por rehabilitar y/o mejorar en torno a las grandes ciudades de la Región: Tucumán, Salta y Resistencia, a partir de la reutilización de instalaciones y equipos convertidos prácticamente en "rezagos" ferroviarios.

2.2. Otros flujos de transportes y telecomunicaciones

El norte cuenta también con el transporte fluvial y los equipamientos portuarios que están muy poco desarrollados, en tanto se ven afectados por la falta de calado, adecuados accesos complementarios, escasos equipamientos específicos e instalaciones de puertos. Prácticamente el potencial que ofrece la transportación fluvial está recién comenzando a ser valorado en el NEA.[6]

El complejo Barranqueras-Corrientes es el núcleo portuario más importante, aunque condicionado en su desempeño a las inversiones (no aseguradas al presente). En los demás puertos trabajan sólo embarques menores (cabotaje o cargas de transferencia aguas abajo); recientemente se comenzaron a construir terminales para distintas producciones regionales, como ocurre en Posadas, Formosa o los pequeños puertos correntinos de Esquina, Bella Vista o Ita-Ibaté. La navegabilidad se puede transformar

---

5 Es el caso del Trasandino Central, en tanto ramales del Belgrano Cargas integrarían el Corredor Bioceánico Norte, reactivando los tráficos fundamentalmente con Chile con la salida al Pacífico.

6 Con el paso de los años y el desarrollo del ferrocarril y la red vial, el transporte fluvial perdió protagonismo en la región.

si se concreta la Hidrovía Paraná-Paraguay, obra que permitiría mover grandes volúmenes (granos, minerales, carga a granel en general aunque también contenedores).

La condición de marginalidad del norte, en cuanto a las distancias que separan la región de los centros de poder nacional e internacional de máxima jerarquía poblacional, también está asociada a una accesibilidad deficiente debido al escaso desarrollo que ha tenido el transporte aéreo. Las frecuencias de vuelo describen a nivel del NEA el corredor aéreo Buenos Aires-Iguazú con el mayor número de contactos (tanto en cantidad de vuelos como en pasajeros), importancia que se explica mediante flujos vinculados al turismo en la Región, lo que define una inserción de esta ciudad en las redes globales al igual –aunque en menor medida– que Salta y Jujuy.

Los vuelos regulares de cabotaje con el NOA resultan tener muy baja frecuencia, siendo menores en importancia que los que se dan respecto al NEA. Los movimientos casi en su totalidad se mantienen dentro de un esquema fuertemente concentrado en torno a la Ciudad de Buenos Aires y con destino final (sin interconexiones regionales o combinaciones en cabotaje) en muy pocos aeropuertos de la región (cabe acotar que la concentración es determinante, siendo que más del 92% de todos los pasajeros que se mueven por avión lo hacen a través de Buenos Aires).

La muy baja capitalización de este medio –ideal para salvar las grandes distancias en el país– se concretiza en una mínima proporción de los desplazamientos: apenas algo más del 11% de los pasajeros de cabotaje y prácticamente irrelevante en cargas. Sólo algunos aeropuertos (seis en total) reúnen estos movimientos: Puerto Iguazú, Salta, Tucumán, Resistencia, Jujuy y Corrientes.

Más allá de los medios de transporte, salvar barreras y distancias también es hablar de accesibilidad telefónica referida a la penetración física de la red en una determina área geográfica. Si se analizan los hogares con un criterio de medición de la utilización efectiva del servicio, es la disponibilidad de red un prerrequisito al uso telefónico.

Si se desagrega el análisis a nivel de la población y las localidades, ambos agregados regionales manifiestan disparidades territoriales desde dos perspectivas diferentes: por un lado, la accesibilidad de las localidades da cuenta del déficit de infraestructura telefónica en el medio rural, particularmente, en los pequeños pueblos dispersos y distantes de centros urbanos mayores. Por otra parte, la cantidad de habitantes y localidades que acceden con dificultad o con baja calidad de interconexión, lo cual se registra a través del indicador de teledensidad cuando ésta es menor al 15%.

Por su parte, a fin de precisar las necesidades telefónicas de los hogares, la estimación realizada revela que sólo un 20% de los hogares del norte (estimación al año 2010) poseen el servicio de telefonía fija, llegando a ser algo mayor en el NOA (24%). Esta situación seguramente se atenúa con el uso difundido de la telefonía móvil, condición que se da, cuanto menos, en los centros urbanos de mayor jerarquía. Otro indicador interesante es la penetración de los servicios de Internet, donde sólo 4 de cada 100 hogares del norte tienen algún tipo de conexión (sólo Salta y Tucumán cuentan con mayores niveles en el NOA, en tanto Formosa contrasta en el NEA por valores inferiores a la media).

2.3. Aproximación a los indicadores de accesibilidad

En un intento por aproximar un balance sobre la accesibilidad territorial de la región, en el Cuadro 1 y a partir de tres indicadores construidos –la red vial, el transporte aéreo y las conexiones de telefonía fija–, se califica esta condición por provincia de la región. La disponibilidad de caminos (en sus acabados diferentes) en relación a la densidad total de los mismos o la disponibilidad territorial en relación a la cantidad de habitantes calculados sobre la red vial clasificada por provincia indica que algunas de ellas, como Misiones y en especial Tucumán, han logrado una mejor accesibilidad relativa en tanto que, en oposición, se ubican Formosa y Chaco. Los bajos índices se corresponden, en buena medida, con los vacíos territoriales importantes, condición que se refleja en la densidad de la ocupación y va en detrimento de las mejoras de caminos (tierra o terreno natural).

En transporte aéreo, tanto el movimiento de pasajeros como las frecuencias de vuelos que arriban por aeropuerto marcan fuertes contrastes en el indicador de accesibilidad. Misiones, Tucumán y Salta son las provincias con mejores niveles, en tanto otras, como Formosa o Santiago del Estero, prácticamente no se integran (sólo en una mínima expresión) al sistema aerocomercial argentino.

Por último, la accesibilidad a través del indicador de teledensidad (que refiere al acceso geográfico al servicio superior a un 15% de hogares) indica que Tucumán, Jujuy y Corrientes son las provincias de mejor dotación de servicios de telefonía, en tanto Chaco, Formosa y Santiago del Estero las que menores posibilidades de telecomunicación ofrecen.

Cuadro 1. Indicadores seleccionados de accesibilidad intra e interprovincial según categorías.

Región	Provincia	Tipo de Accesibilidad		
		Vial	Aeroportuaria	Telefónica
NOA	Jujuy	2	2	1
	Salta	2	1	2
	Tucumán	1	1	1
	Catamarca	2	3	2
	La Rioja	2	3	2
	Santiago del Estero	2	3	3
NEA	Formosa	3	3	3
	Misiones	1	1	2
	Chaco	3	2	3
	Corrientes	2	3	1

Provincias categorizadas de mayor a menor (de 1 a 3) accesibilidad según los siguientes criterios:
(a) caminos de tierra con respecto a la densidad de caminos totales y densidad de caminos respecto densidad poblacional;
(b) frecuencia de vuelos, movimiento de pasajeros, conexiones entre provincias y vuelos internacionales;
(c) condiciones de accesibilidad y penetración de telefonía fija en los hogares.
Fuente: Elaboración propia en base a datos de la Asociación Argentina de Carreteras-Administración Nacional de Aviación Civil-ANAC e Instituto Nacional de Estadística y Censos-INDEC.

3. Los servicios básicos y la accesibilidad territorial

La accesibilidad territorial también se manifiesta a través de los servicios esenciales que hacen a la condición de vida de la población, y se diferencia en función de la escala de los centros urbanos. Esta particularidad hace referencia a que las infraestructuras y equipamientos no se reparten en el territorio como reflejo de las necesidades poblacionales, sino que lo hacen en relación a la jerarquía de los centros urbanos y las "lógicas" políticas impuestas por las elites de poder en cada provincia, siendo en general las ciudades capitales de provincia los centros que garantizan, en mayor medida y mejores condiciones, la accesibilidad a los servicios esenciales.

Es notable cómo baja la condición de las prestaciones en las ciudades medias y pequeñas localidades de carácter agro rural; según el CNPyV

2001, aumenta en estos casos la proporción de habitantes que carecen de los servicios domiciliarios esenciales (agua, cloacas y electricidad por redes). Al igual que en las poblaciones, la atractividad del territorio para la radicación de empresas es limitada y, con ello, la condición de accesibilidad marginal resulta determinante para el desarrollo.

La distribución territorial de las carencias de servicios plantea, en correspondencia con los niveles considerados, una marcada falta de accesibilidad al equipamiento básico, manteniendo altos índices de marginalidad para vastas extensiones y poblaciones allí localizadas (Figura 3). Buena parte de estos espacios "inaccesibles" definen la escisión que existe entre los territorios del NEA y el NOA, en tanto constituyen "vacíos" o grandes extensiones marginales (con condicionantes naturales adversas a la ocupación).

Figura 3. Carencias en la provisión de servicios y accesibilidad territorial.

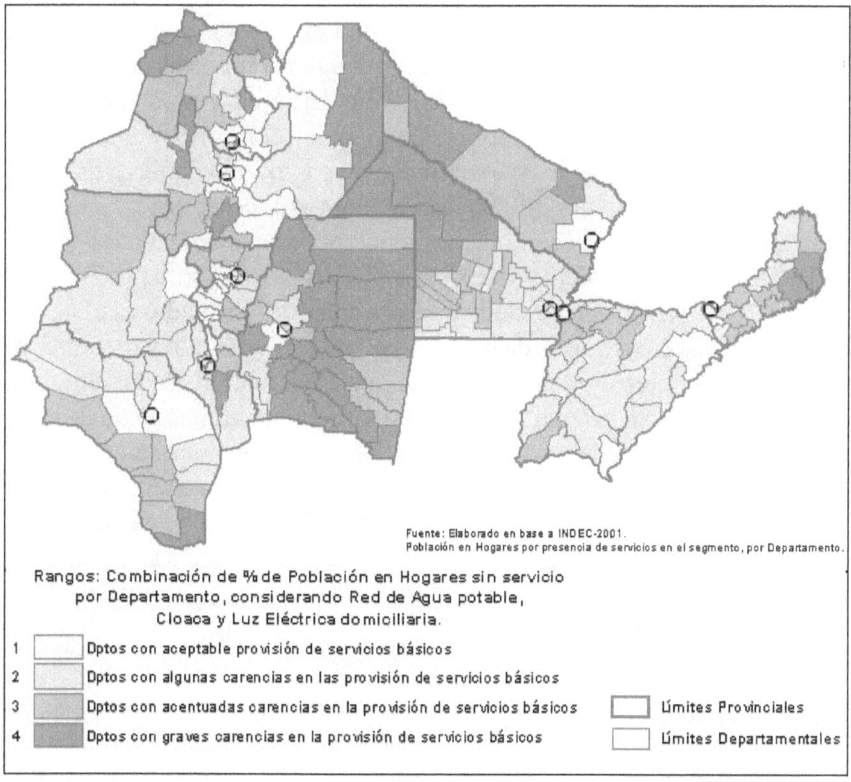

Fuente: Ministerio de Planificación Federal, Infraestructura y Servicios Públicos.

La situación no parece haber mejorado sustancialmente en estos años. La falta de acceso al gas natural por red continúa siendo una deficiencia enorme entre los hogares que integran las provincias del NEA. El nuevo proyecto Gasoducto del Norte Argentino y la línea de alta tensión de 500 KW recientemente habilitada para la interconexión NEA-NOA, son obras fundamentales para solucionar, en parte, las graves deficiencias planteadas en servicios de gas y electricidad[7].

Complementariamente a estas obras fundamentales, se requiere de las redes de distribución (inversiones complementarias) de estos tendidos básicos, a los fines de socializar el servicio y llegar con los beneficios a la mayoría de la población.

4. Integración y desarrollo en el norte argentino

En el norte argentino el medio construido es muy heterogéneo. Junto a las áreas más densamente pobladas y de mayor jerarquía urbana, con aceptables niveles de conectividad, se despliegan amplios territorios escasamente poblados, en la práctica aislados. De este modo, es posible afirmar que existe un bajo nivel de interrelación espacial, con varios componentes reticulares básicos (pocos nodos importantes y diferenciables), que persisten a través de los años en su posición marginal respecto a los espacios centrales del país. Estas condiciones afectan, indudablemente, el acceso de la población a los bienes y servicios básicos.

El modelo territorial heredado muestra áreas desarrolladas que coexisten con extensos territorios de baja ocupación e integración y predominio de relaciones interregionales direccionadas hacia el corredor fluvial e industrial y el espacio central pampeano, principal aglomeración de mercados de consumo y centros de producción y exportaciones en el país.

En los últimos años el norte argentino, como otras economías regionales, viene de experimentar profundas modificaciones como resultado de procesos socioeconómicos desencadenados en los años noventa en el país: la privatización de servicios públicos provinciales y nacionales unido a una restructuración económica que, en gran medida, fuera capitalizada

---

7   El gasoducto del norte argentino se considera vital para cumplir con el aumento del volumen de venta de gas entre Bolivia y Argentina y para asegurar el abastecimiento de gas natural a la región norte y central del país. El trazado tiene origen en Tarija (Bolivia) y entra dentro de territorio argentino por la provincia de Salta (Campo Duran), extendiéndose por las provincias de Formosa, Chaco, Misiones, Corrientes, Entre Ríos, Santa Fe y Buenos Aires.

   ¿Crecimiento o desarrollo? El ciclo reciente en el norte argentino

por los sectores más concentrados de capital, dejaron como contrapartida amplios segmentos de población en situación de marginación creciente (Manzanal, 2008). Esto se manifiesta en bajos niveles de consumo, menores rentas e índices de asalariados, pérdidas de puestos de trabajos, entre otros aspectos.

Es por ello que la estructura regional que define la conectividad territorial del norte hoy se caracteriza por un "dualismo" muy acentuado. Está fuertemente concentrada en torno a los corredores o ejes de articulación entre los centros urbanos de mayor jerarquía en la región, siendo la resultante una red construida en base a segmentos inconexos y con baja integración entre planos de distinta jerarquía; no se trata, entonces, de una *malla* propia de un sistema regional integrado. Por otra parte, las áreas menos pobladas, las agrorurales y los vacíos territoriales, que presentan grandes dificultades en la conectividad, carecen de los servicios básicos como agua (potable por red) y saneamiento, o electricidad; la penetración de las comunicaciones es baja o nula y la permeabilidad territorial de las vías de comunicación es básica, fragmentaria y por momento inaccesible.

También son escasos los vínculos y conexiones entre el NOA y el NEA. La configuración histórica de dos sociedades cultural y económicamente diferentes persiste a través del tiempo (desde la etapa colonial en el país), existiendo dos sistemas de ciudades concentradas en torno a los ejes o corredores de articulación, cuya intensidad se polariza y organiza en torno a ellos. Superar estos problemas sólo es posible en el marco de una inserción mucho más abierta, interconectada e integrada de modo de hacer caer aquellas barreras que afecten la accesibilidad.

Los cambios económicos y las cadenas productivas cada vez más globalizadas van integrando, paulatinamente, estos espacios regionales al esquema central de acumulación como una plataforma de exportación más dentro del país (sojización, minería, etc). Sin embargo, no es fácil romper con las condiciones de aislamiento a la par que brindar un acceso más equitativo al conjunto de la población; ello requiere trabajar en la construcción de una economía para el desarrollo de la propia región, donde la inversión orientada a los servicios públicos básicos e infraestructuras resulta imprescindible (Vidal, 2010). Ésta es una tarea que debe necesariamente contar con el concurso del sector público liderando la formación de capital a la vez que generar efectos complementarios y sinérgicos entre infraestructuras económicas y sociales, así como con las actividades productivas de la región. Es necesario definir estrategias de desarrollo que permitan integrar los territorios regionales priorizando, además, una mayor y mejor articulación con el territorio nacional en su conjunto.

Bibliografía:

Alonso, L.E. (1992) *Privatización del Transporte y modelos sociales futuros*. Centro Editor de América Latina, Buenos Aires.

Barbero, J.; Costa, L.; Abad, J. y Szenkman, P. (2011) "Un transporte para la equidad y el crecimiento. Aportes para una estrategia de movilidad y logística para la Argentina del Bicentenario". [en línea] CIPPEC. *Documento de Trabajo* nro. 79, diciembre. http://www.cippec.org [08-01-2012].

Camagni, R. (2005) *Economía Urbana*. Antoni Bosch editor, Barcelona.

Campolina Diniz, Cl. (2003) "Repensando la cuestión regional brasileña: tendencias, desafíos y caminos", *Revista EURE,* vol. 29, nro. 88, Santiago de Chile, pp. 29-53.

Castells, M. (1999) "El surgimiento de la sociedad de redes", [versión electrónica] http://www.hipersociologia.org.ar/catedra/material/Castellscap6.html http://www.4shared.com/get/gidsl8Bb/Castells_Manuel_-_El_surgimien.html [02-10-2010].

Fujita, M.; Krugman, P. y Venables, A. (2000) *Economía Espacial*. Editorial Ariel, Barcelona.

Gatto, F. (2005) "Crecimiento económico y desigualdades territoriales. Algunos límites estructurales para lograr mayor equidad", en Kosacoff, B. (ed) *Crisis, recuperación y nuevos dilemas. La economía argentina 2002-2007.* CEPAL, pp. 307-339.

Grimson, A. (2008) "Hacia una agenda territorial para un nuevo escenario regional", en Nun, J. y Grimson, A. (comps.) *Nación y Diversidad. Territorios, identidades y federalismo.* Editorial Ensayo Edhasa, Buenos Aires, pp. 87-100.

Manzanal, M. (1999) "La cuestión regional en la Argentina del fin de siglo", *Realidad Económica* nro. 166, IADE, Buenos Aires, pp. 70-99.

Manzanal, M. (2008) "Desarrollo territorial e integración nacional ¿Convergencia o divergencia?", en Nun, J. y Grimson, A. (comps.) *Nación y Diversidad. Territorios, identidades y federalismo.* Editorial Ensayo Edhasa, Buenos Aires, pp. 101-109.

Méndez, R. (1997) *Geografía Económica, La lógica espacial del capitalismo global.* Editorial Ariel, Barcelona.

Vidal, G. (2010) "América Latina: Del Consenso de Washington a la construcción de alternativas para el desarrollo y la democracia", en Vidal, G.; Guillén, A. y Déniz, J. (coords.) *Desarrollo y Transformación. Opciones para América Latina.* Editorial Fondo de Cultura Económica, Madrid. pp 61-77.

*Fuentes de información
complementaria:*

INDEC –Instituto Nacional de Estadísticas
y Censos– INDEC. Censo Nacional de
Población y Vivienda. 2001.www.indec.
mecon.ar

CNRT. Comisión Nacional de Regulación
del Transporte. http://www.cnrt.gov.ar/

Ministerio de Planificación Federal, Inversión Pública y Servicios. *Plan Estratégico
Territorial.* http://www.planif-territorial.
gov.ar

Administración Nacional de Aviación Civil
Argentina-ANAC. http://www.anacargen-
tina.org/

Secretaría de Transporte de la Nación.
http://www.transporte.gov.ar

Administración de Infraestructura Ferrovia-
ria- ADIF. Ejes Estratégicos. http://www.
adifse.com.ar/

UCOFIN- Unidad de Coordinación de
Fideicomisos de Infraestructuras. Fondo
Fiduciario del Sistema de Infraestructura
de Transporte. http://www.ucofin.gov.ar

Asociación Argentina de Carreteras. http://
www.aacarreteras.gov.ar

Dirección Nacional de Vialidad. http://
www.vialidad.gov.ar

Consejo Portuario Argentino. http://www.
consejoportuario.com.ar/

IIRSA- Iniciativa para la Integración de la
Infraestructura Regional Suramericana
http://www.irsa.org

Consideraciones finales

Capítulo VIII
Una perspectiva de conjunto sobre las problemáticas del norte

Silvia Gorenstein

En los capítulos precedentes hemos bosquejado un cuadro del norte argentino que brinda diferentes aspectos que hacen a su dinámica conjunta y, en algunos casos, corresponden al NOA o al NEA respectivamente. No contemplamos provincias particulares ni tampoco la actividad minera, en tanto fenómeno económico que ha decollado en algunas de estas provincias en los últimos años. Siguiendo las pautas metodológicas aplicadas en el estudio, abordamos dos dimensiones analíticas interrelacionadas. Por un lado, la de los Complejos Productivos Regionales (CPR) en los que se han perfilado profundos cambios en la estructura productiva y social, como el algodón, el sector forestal-maderero, el azúcar, la yerba mate, el tabaco y el más reciente de la soja. Por otro lado, las dinámicas territoriales inducidas por los procesos poblacionales, el comportamiento de los mercados de trabajo y, a los fines de una lectura más comprensiva, las derivadas de factores de conectividad espacial intra e interregional.

Las transformaciones analizadas en esta publicación son parte de un nuevo momento en la región que implica a la vez ruptura y continuidad. ¿Cuál es el significado de esta ruptura? Aquí se considera que los cambios ocurridos en las exportaciones de la región constituyen una expresión de la metamorfosis del norte. En las distintas fases del proceso de acumulación y división regional del trabajo del país, hasta bien avanzado el período contemporáneo, las producciones regionales exportables no integraban el núcleo (dinámico) del complejo exportador nacional. Esta situación se revirtió, a partir de la última década del siglo anterior, cuando se perfilan y consolida una nueva especialización que tensiona con los sectores ligados a la trayectoria productiva anterior, también atravesada por cambios significativos. Con el mejoramiento de ciertos indicadores macroeconómicos, surgen otras problemáticas que, sumadas a las preexistentes, ponen en cuestión la lógica del actual modelo de crecimiento sin desarrollo.

En esta dirección, parece interesante retomar algunas de las consideraciones señaladas a lo largo de esta obra a modo de trazado final, centrando el análisis en las reflexiones siguientes:

a) Reprimarización de la economía

Una vez más, la dotación de recursos naturales del norte del país desencadenó un activo e intenso proceso de inversión externa.

Por un lado, la expansión de la frontera agrícola, de la mano del llamado proceso de sojización, implantó un nuevo complejo productivo, orientado a la exportación e intensivo en escala, cuya lógica de funcionamiento –al igual que en la región pampeana– ha derivado en un triple proceso de concentración: de la tierra, del capital (en la estructura primaria e industrial) y en la organización y gestión del proceso productivo (pools de siembra).

Por otro lado, la dinámica inversora, iniciada en los noventa ha sido estimulada por marcos regulatorios (nacionales y provinciales) concebidos para fortalecer la formación de capital en actividades con alto potencial exportador asentadas en ventajas naturales. Entre las políticas promocionales, analizadas en la segunda parte de esta obra, la Ley de Promoción Forestal (1998) impulsó una fuerte expansión de nuevas forestaciones, concentrada básicamente por grandes productores transnacionales. Los incentivos otorgados definieron, entonces, un tipo de especialización orientado a la exportación de productos básicos e intermedios, sin la expansión y desarrollo de los bienes finales. En el caso del algodón, por su parte, las políticas públicas relacionadas con la Promoción Industrial y la desaparición del crédito, en el marco del cambio de modelo económico, motorizaron la ruptura de la cadena de valor, desplazando la actividad textil localizada en el Chaco hacia las provincias promocionadas y reduciendo las actividades regionales a la producción primaria y su comercialización, en el marco de un progresivo descenso de la participación de la estructura cooperativa regional.

El período de la post-convertibilidad profundizó esta lógica de acumulación fortaleciendo la posición relativa de los capitales más concentrados de las actividades primarias de exportación. En el marco de esta dinámica ambos grupos provinciales (NEA y NOA), si bien con elocuentes diferencias en ciertos indicadores macroeconómicos (exportaciones, PBI), exhiben una problemática clave relacionada con la baja repercusión y dinamismo que estas producciones inyectan en la economía provincial. No se registran impulsos sustantivos sobre los aparatos manufactureros y pese a las heterogeneidades que se manifiestan, según tamaño-diversificación de los mismos, en el ámbito terciario sobresale la gravitación de la administración pública en sus diferentes niveles y otras actividades con, por lo general, reducidos grados de productividad y elevada informalidad.

b) Dinámicas de "desanclaje" asociadas a las transformaciones estructurales de los CPR tradicionales y a la irrupción de la soja

En la totalidad de los complejos productivos regionales de base agropecuario-forestal sus núcleos gravitantes y dinámicos, en tanto generan el mayor valor agregado, lideran estrategias de reconversión tecno-productivas e innovaciones organizacionales para incrementar su competitividad. Las transformaciones se han basado, en general, en el aumento de la escala de las unidades productivas, el uso de una mayor dotación de capital, insumos industriales y la introducción de técnicas ahorradoras de fuerza de trabajo. Es el caso del algodón, los ingenios azucareros, el sector molinero en la yerba mate, el complejo tabacalero –que ha doblado su producción y exportación desde los noventa– o los grandes establecimientos integrados de producción de madera en el NEA.

Estos cambios, lejos de ser neutros en materia de impacto sobre el empleo e integración social del territorio, indujeron mayores diferencias entre los sectores sociales locales vinculados a las pequeñas producciones y los grandes establecimientos relacionados a grupos económicos, nacionales y trasnacionales que, en buena medida, operan a escala global.

Tres procesos simultáneos repercuten en las economías agro-rurales provinciales. Uno, asociado a la desaparición de miles de pequeñas y medianas unidades productivas que fueron integradas, absorbidas o fusionadas en otras de mayor tamaño. La segunda es la pérdida de significación de la pequeña agricultura familiar en la acumulación y valorización de capital de los CPR. Aun en aquellos con presencia elevada de pequeños productores (como en tabaco, yerba mate y azúcar), la reproducción de estas estructuras productivas es cada vez más vulnerable, pese al mantenimiento de algunas instituciones de apoyo y ciertas intervenciones estatales; subsisten con bajos niveles de participación, serios problemas de adecuación a los requerimientos (calidad) establecidos por los eslabones post-cosecha y prácticamente sin alternativas de reconversión. En tal sentido, la subordinación que tradicionalmente existía respecto a los núcleos de estas cadenas agropecuarias se intensificó y agudizó. El tercer proceso, refiere a la fuerza de trabajo rural. Frente a una tendencia sostenida, y estructural de reducción de la demanda provocada por la mecanización y el avance de nuevos paquetes tecnológicos, se profundizan las condiciones de flexibilización, los bajos salarios y la escasa formalización (empleo "en negro", trabajo familiar e infantil y otras expresiones de precariedad).

La implantación del complejo sojero, por su parte, refuerza las dinámicas de "desanclaje" de actores económicos locales. Un número significativo de pequeños productores familiares, desplazados de actividades agrícolas y ganaderas tradicionales, han vendido sus tierras o se han convertido en rentistas, alquilando sus campos/parcelas a los agentes económicos ligados al nuevo complejo productivo. Este proceso refuerza, por un lado, la tendencia de desplazamiento de la agricultura familiar de la estructura agraria regional y, al mismo tiempo, introduce un mayor grado de irreversibilidad a esta dinámica.

c) Se intensifican las correas de transmisión "hacia afuera"

Los segmentos que conducen los principales complejos productivos –los llamados nodos dinámicos– están altamente concentrados y, de manera creciente, en manos de grandes capitales extranjeros y/o extra-provinciales. Este proceso de concentración, iniciado en el período de la convertibilidad, no se ha modificado en los últimos años. Las mejores perspectivas que se presentan, por ejemplo, en el azúcar por la incorporación de los biocombustibles como destino de la producción o la suba en el precio internacional del algodón han derivado en la profundización de la concentración hacia los actores dominantes en cada cadena de valor y a una escasa distribución de la renta al interior de las mismas. Las nuevas inversiones y alianzas empresariales en el complejo azucarero, en el algodón, y también en el forestal implantado, dan cuenta de esta dinámica. En el caso del complejo sojero, a partir de las estrategias expansivas de los capitales pampeanos.

Para las economías provinciales y regionales ello plantea otro foco de atención relativo a las correas de transmisión económica "hacia afuera" en la medida en que los centros de decisión son exógenos y una proporción considerable del excedente generado se canaliza en otra dimensión espacial (global, trans-regional). La casi total ausencia de mecanismos que regulen las relaciones intra e intersectoriales (por ejemplo, sobre el ejercicio de prácticas oligopólicas u oligopsónicas) agrava la situación y contribuye a profundizar la matriz distributiva sumamente regresiva existente en estas sociedades. En este sentido, vale la pena mencionar una vez más el marco regulatorio vigente para la yerba mate (ver capítulo III), cuyo efecto no favorece la sustentabilidad de los pequeños productores. Al igualar el pago por la materia prima ante realidades muy asimétricas, por el grado de integración vertical, extensión de los predios, tecnificación y rendimiento, los pequeños productores apenas logran cubrir los gastos mínimos (mantenimiento, cosecha y flete) llegando a obtener márgenes brutos prácticamente nulos, mientras que para los grandes productores esto se traduce en mayor renta por el bajo costo laboral y de materia prima.

d) Debilidad de las estructuras y actores económicos locales

Los complejos productivos, analizados en la segunda parte del libro, generan una parte sustancial de la renta en las provincias donde se encuentran asentados y muestran un crecimiento de la producción muy importante en los últimos años. Sin embargo, dada su estructura básicamente extractiva con escasos eslabonamientos hacia adelante y su ligazón a grupos económicos nacionales y trasnacionales, su mejor performance no ha derivado en un aumento del ingreso de los actores locales proporcional.

Este perfil impone límites al tamaño y la diversificación de las respectivas estructuras productivas provinciales. Se orientan, básicamente, hacia este tipo de commodities en función de lo que es demandado desde el "exterior" –mercados de las provincias centrales o externos–, al menor costo posible, particularmente los salariales dadas las rigideces que existen en materia de fletes y tarifas energéticas.

Por su parte, el consumo local no tracciona mayormente por estructuras de empleo y distribución del ingreso en la medida en que la demanda interna de la región se ve limitada por el tamaño y la diversificación del tejido productivo. Mientras los sectores de mayores ingresos, al igual que en el resto del país, son abastecidos por los formatos de venta minorista (hipermercados, grandes centros de consumo, etc.) que canalizan bienes de distinto origen (muchos extra-locales), una parte importante de la población de las provincias del NOA y el NEA –con un reducido poder adquisitivo de sus ingresos–, prioriza otros circuitos de aprovisionamiento (auto-producción, mercados comunitarios, segundas y terceras marcas, etc.).

En síntesis, se trata de una retroalimentación negativa entre la estructura económica prevaleciente en el norte y el patrón laboral y distributivo allí vigente: baja capacidad para generar puestos de trabajo; alternativas laborales de alta precariedad e informalidad; distribución del ingreso regresiva; mercados internos provinciales de escasas dimensiones y fuertemente segmentados. Esto alienta la reproducción de las tendencias mencionadas en los puntos anteriores y el señalado círculo vicioso característico de estas regiones.

e) La política pública fortalece la lógica del crecimiento "sin desarrollo"

Las políticas públicas, por acción u omisión, contribuyeron a los procesos observados en los CPR. La desaparición del crédito público y la privatización de bancos provinciales, la promoción industrial y forestal ya mencionada y la articulación de los mercados de trabajo regionales a través de contratistas son algunos ejemplos de cómo las regulaciones, o su ausencia, han condicionado la capacidad de reproducción de los pequeños y medianos productores y de la fuerza de trabajo rural.

Además, tal como se ha analizado en uno de los capítulos de este libro, la promoción a las actividades productivas regionales ha quedado encuadrada en las reglas de un sistema financiero para nada proclive a promover procesos de desarrollo económico y cambio estructural, en tanto coadyuva a fortalecer y, por ende, consolidar las estructuras productivas, territoriales y de poder económico existentes.

En este contexto, la presencia de la política pública nacional en materia de desarrollo económico territorial dista mucho de conformar una plataforma integrada y orgánica de atención de las grandes disparidades existentes en el país. Si bien en el período de la post-convertibilidad se asiste a un cambio de enfoque, particularmente en lo relativo al rol del Estado en la planificación de ciertas políticas públicas sectoriales (infraestructura, agroalimentarias, entre otras menos difundidas) ello no significa que se haya instalado una preocupación estratégica nacional enfocada en esta problemática. Los programas de apoyo mantienen un marcado sesgo favorable a las provincias centrales y, al mismo tiempo, concentran los beneficios otorgados en sectores productivos muy afincadas en la explotación y el procesamiento de recursos naturales. Así, en las provincias del norte el grueso del crédito se canalizó hacia los núcleos provinciales de especialización productiva y exportación, tales como soja y derivados, industria azucarera, tabaco y yerba mate entre los rubros más relevantes. Es decir, las actividades productivas con una presencia determinante de grandes capitales extranjeros y nacionales (en numerosos casos extraprovinciales), que tienen un ciclo de acumulación y reproducción cuya realización suele darse fuera del territorio provincial (con epicentro en los mercados de las provincias centrales) y, en una proporción variable según la actividad, de las propias fronteras nacionales.

    ¿Crecimiento o desarrollo? El ciclo reciente en el norte argentino

Lo anterior se combina con la falta o escasez de recursos provinciales efectivamente disponibles para políticas de promoción productiva y, en un sentido más general, con la orientación de estos gobiernos hacia los núcleos económicos más dinámicos, donde predominan las grandes empresas (globales, nacionales y locales) que poseen una gran autonomía decisoria y, por lo tanto, definen los resortes básicos de los procesos económicos que se despliegan en estos territorios.

Si se acepta que existe un problema de diseño en las líneas de fomento existentes, es lógico inferir que el problema no es la falta de proyectos de inversión locales que estimulen el tejido socio-productivo o de fondos públicos para financiarlos (aunque no puede desconocerse su escasez relativa cuando se los coteja con mecanismos de asistencia a los grandes capitales). Esta reafirmación de la importancia de los límites impuestos por los programas públicos y su financiamiento sigue, entonces, una argumentación diferente a la que habitualmente se encuentra en las evaluaciones técnicas. Existen proyectos productivos interesantes desde la perspectiva del desarrollo socio-económico, pero la mayoría de los programas existentes parte de un diseño que no da cuenta de las condiciones estructurales allí vigentes. Esta conclusión parece clave para la discusión sobre el futuro de las políticas regionales.

f) *La urbanización de la población recrea situaciones de pobreza y vulnerabilidad social*

El elevado incremento demográfico que experimentó el norte argentino, fundamentalmente en el último cuarto del siglo XX, fue acompañado por un proceso de alta urbanización cuyo principal destino fueron las capitales provinciales. En la primera década del presente siglo este proceso continúa; los departamentos capitales (en los que se encuentran los principales centros urbanos) crecieron a un ritmo superior que el de las provincias a las que pertenecen.

La configuración del sistema urbano, en tanto traduce las dinámicas espaciales de la población, está estrechamente asociada a los procesos de crecimiento y desarrollo económico. Entre otros fenómenos, un aumento rápido de la población en un deficiente entorno socioeconómico genera problemas y tiende a limitar dichos procesos. De este modo, son las periferias de los mayores centros urbanos, en constante crecimiento, las que concentran importantes áreas de pobreza y exclusión social, tal como se observa en los centros capitalinos del norte.

En este sentido, el análisis realizado en la tercera parte del libro revela que las ciudades capitales del norte están atravesadas por las problemáticas siguientes:

- una estructura laboral con predominio en actividades "refugio" y/o asociadas con altos niveles de informalidad, precarización y/o bajos salarios como el empleo estatal, la construcción, el comercio y el servicio doméstico;
- una marcada carencia de cobertura social, producto de la alta proporción de población sin inserción laboral formal;
- mayor dependencia de los ingresos no laborales en los ingresos totales per cápita, particularmente los provenientes de los programas sociales;
- intensificación del déficit habitacional, sumado a la precariedad constructiva, hacinamiento y mala provisión de servicios sanitarios, pese al aumento de los fondos públicos destinados a vivienda en los últimos años;
- agudización de los problemas de saneamiento, provisión de agua potable, contaminación de las aguas en zonas urbanas y periurbanas. Esta condición se verifica con ligeras variante en la mayor parte de las provincias, pero es en las que integran el NEA donde los índices dan cuenta de mayor precariedad y/o falta de inversión en materia de infraestructura social.

Estos elementos completan un esquema social en el que se combinan, por un lado, menores niveles de ingreso con respecto a los restantes aglomerados urbanos del país y, por tanto, mayores niveles de pobreza, indigencia y NBI del norte respecto a otras regiones. Por otro lado, persisten altos niveles de desigualdad social al interior de las provincias. No obstante, se manifiestan indicios de mejora a partir de la aplicación de la Asignación Universal por Hijo y, durante todo el período de postconvertibilidad, descensos en ciertos indicadores sociales críticos (tasa de mortalidad infantil, analfabetismo) si bien con marcadas diferencias al interior de la región, registrándose las situaciones más desfavorables en el NEA, particularmente en las provincias de Chaco y Formosa.

g) *La influencia socio-espacial de la ruralidad profundiza el círculo de la pobreza*

El espacio rural del norte no es un espacio vacío. La dispersión poblacional en ambientes rurales o pequeños centros agrorurales, pese a su retracción, son un fenómeno particularmente intenso en toda esta región y es en estos lugares donde más del 30% (en algunos casos alcanza el 40%) de los hogares son pobres. Entre los factores que inciden en esta situación, comunes a las diferentes zonas de producción agrícola del NEA y NOA, se destacan:

- la fuerte restricción cuantitativa en la generación de puestos de trabajo combinada con la muy baja "calidad" de los empleos por efecto de la estacionalidad de los ciclos productivos y, por lo tanto, las dificultades que encuentran los trabajadores rurales para generar ingresos de manera relativamente continua;
- el crecimiento del "trabajador sin tierra", en un contexto productivo ahorrador de mano de obra. Ello se traduce en una mayor urbanización de la familia, proceso acompañado por la creciente combinación de ocupaciones rurales y urbanas de carácter transitorio;
- los bajos salarios, sumado a la ya mencionada escasa formalización y precariedad del empleo. Las remuneraciones de los trabajadores rurales de la región son aun más bajas que las que se perciben en el resto del país, de por sí bastante inferior a las remuneraciones promedio nacionales para los asalariados registrados.

Otra problemática creciente que atraviesa al medio rural es de naturaleza socio-ambiental. La desforestación, propia de la segunda fase de expansión e intensificación del cultivo de soja, ha abarcado una importante superficie de montes nativos del Parque Chaqueño (que involucra a casi todas las provincias del norte) y está generando repercusiones sociales derivadas, entre otros aspectos, del desplazamiento y/o marginación de los pueblos originarios de la región (las etnias Qom, Wichi y Mocoví).

h) Condiciones de conectividad y accesibilidad heterogéneas

La conectividad entre los centros y el grado de accesibilidad de la región en su conjunto constituyen una expresión más de los condicionantes para el desarrollo. En términos generales, las insuficiencias de transporte en el norte del país devienen de los dos rasgos económico-estructurales ya señalados: su histórica inserción marginal en la división nacional de trabajo, y la escasa significación del poder de compra intra e inter-regional. De este modo, la dinámica de la oferta y demanda de infraestructura de transporte es explicada, básicamente, por las áreas de producción de commodities (minería, agrícolas y agroindustriales) y sus conexiones a los mercados internacionales/nacionales. Entre los fenómenos observados (ver capítulo VII) se destacan, por ejemplo, las desiguales condiciones de movilidad y acceso que se plantean entre los agentes económicos de los CPR por el valor de los fletes (ya elevados por las distancia) y el condicionante impuesto por la reserva y ocupación de bodegas de camión.

A la configuración espacial del transporte terrestre se le suma la escasa importancia del tráfico aéreo y el bajo grado de conectividad telefónica con respecto al contexto nacional. En otras palabras, el norte se caracteriza por la interrelación espacial estructurada a partir de grandes ejes de interconexión que enlazan los núcleos urbanos de máxima jerarquía del NEA y NOA respectivamente, junto a los cuales se despliegan amplios territorios escasamente conectados. Esto afecta, indudablemente, el acceso de la población a los bienes y servicios básicos.

i) Una dinámica y composición de la población que ejerce fuerte presión sobre el sector público

El norte argentino concentra una alta proporción de población joven que se intensifica en las zonas rurales. Esta estructura poblacional debe asociarse con tres problemas claves que, en buena medida, marcan las raíces de la situación de desigualdad y atraso que atraviesa a esta sociedad: elevada tasa de analfabetismo, muy superior al promedio del país, con altos registros de abandono y repitencia escolar, agravados en los aglomerados agro-rurales; una tasa bruta de natalidad mayor que la media nacional, con altas tasas de mortalidad infantil; y significativa proporción de la población sin cobertura de salud, acrecentándose el problema en los jóvenes y en los conglomerados poblacionales de menor tamaño.

La descentralización de los sistemas de salud y educación, efectuada desde la década del ochenta en adelante, ha sido crucial y, en buena medida, contribuye a perpetuar este contexto social. Los efectos perversos de un esquema instrumentado bajo la lógica del "ajuste" del gasto social persisten y, en muchos casos, retroalimenta situaciones de desigualdad social e inequidades territoriales. Las provincias enfrentan recurrentes problemas presupuestarios que, tal como surge de las diferentes evaluaciones realizadas por organismos nacionales e internacionales, se están traduciendo en serias disparidades en la calidad y cobertura de ambos servicios básicos. Esta situación dista de ser homogénea entre provincias y, a su vez, se manifiestan desigualdades entre la propia estructura urbana y rural.

Una serie de cuestiones, no abordadas en esta obra, se combinan a la hora de evaluar recientes resultados de las políticas sociales implementadas en el período de la post-convertibilidad. Las evidencias indican que se produjo un aumento significativo en los niveles de matriculación primaria y el alcance del servicio universal de salud en todas las provincias. Asimismo, se ha desplegado una importante acción en materia de infraestructura educativa (plan 700 escuelas) si bien la problemática continúa siendo aguda, y particularmente seria en las más pobres, donde la población en edad escolar se duplicó respecto al promedio país. En el sector de salud, al igual que en educación, la inversión pública nacional se orientó a cubrir déficit de infraestructura (nuevos establecimientos) y equipamiento sanitario, acompañando una estrategia integral a través de una red de centros primarios de atención para descomprimir los niveles de mayor complejidad de atención. No obstante, este accionar aún resulta insuficiente, particularmente en el caso de los aglomerados poblacionales intermedios.

* * *

Más allá de estos u otros efectos registrados en el período más reciente, particularmente derivados del alcance y cobertura de políticas de ingreso, educación y salud y, en cierta medida, las de infraestructura (energética, vial, entre las más importantes), queda claro que las dinámicas sociales y económicas discutidas a lo largo del libro dan cuenta de la magnitud y la naturaleza estructural de las problemáticas que aquejan a buena parte de población y aparato productivo del norte del país. Los procesos de ruptura y continuidad subsumen a la región en un nuevo ciclo de crecimiento sin desarrollo.

En tal sentido, parece importante insistir en la necesidad de un debate comprensivo sobre las propuestas de política pública regional, su diseño y magnitud, tanto para mejorar la asignación de los recursos sociales como para que las políticas de promoción productiva permitan atenuar los límites al desarrollo impuestos por los condicionantes histórico-estructurales que caracterizan a esta importante porción del territorio nacional.